suncolor 三采文化

對愛，一直以來你都想錯了

學會愛自己，也能安然去愛的24堂愛情心理學

愛情心理專家 程威銓（海苔熊）著

29位跨界名人落淚・暖心推薦

（依照姓氏筆劃排序）

- Ps —— 作家
- SKimmy你的網路閨蜜 —— YouTuber & 作家
- 李　白 —— 街頭故事
- 李佳庭 —— 芒草心慈善協會社工師
- 李素玲 —— 石牌鄭身心醫學診所、諮商心理師
- 李　豪 —— 詩人
- 宋怡慧 —— 新北市丹鳳高中圖書館主任
- 吳姵瑩 —— 諮商心理師
- 周慕姿 —— 諮商心理師
- 胡展誥 —— 諮商心理師
- 唐綺陽 —— 占星專家
- 徐　豫（御姊愛）—— 知名作家
- 陸子鈞 —— 詮識數位執行長
- 張忘形 —— 溝通表達培訓師
- 陳志恆 —— 諮商心理師、暢銷作家

- 許皓宜——諮商心理師、作家
- 張婉昀 Wanyun——女人迷主任製作人
- 黃宗堅——國立彰化師範大學輔導與諮商學系教授
- 溫如生——作家
- 雷雅淇——PanSci泛科學總編輯
- 瑪那熊——諮商心理師、婚戀顧問
- 鄭宇明醫師——石牌鄭身心醫學診所
- 蔡明真——〈海苔熊心理話〉前製作人
- 蕭彤雯——知名節目主持人
- 鍾筑凡——諮商心理師
- 簡大為——律師
- 譚慧蘭——蛹之生心理健康集團 負責人、蛹之生心理諮商所 所長、諮商心理師
- 靡 靡——情慾詩人
- 蘇乙笙——作家

發揮天蠍座「療癒者」的天賦，提供一針見血又容易服用的見解

推薦序——占星專家／唐綺陽

初遇海苔熊，是在公視的心理節目「大腦先生」，節目主旨是探討來賓心理，現場坐鎮多位諮商師與心理專家，海苔熊就是其中一位。出色又努力的年輕人，是他給我的印象，所以當他進軍podcast界做「海苔熊心理話」時，也馬上給予支持。

這世界，因為網路發達、資訊爆炸，大家「有機會活得比以前的人更明白」，但人畢竟是人，腦子就算明白，但心理還是百轉千迴、問題多多，更別說若環境還沒跟上，人就不免疑懼，是不是自己想錯了？所以被外界各種綁架，做不了自己。

這時代的人，需要的已不只是資訊，還需要「安心」，需要懂心理的人告訴我們，疑懼因何而出？只有我有這問題嗎？以及如何安放自我？趕緊的，心理健康得追上腦子吸收的各種資訊才行。

很高興海苔熊發揮天蠍座「療癒者」的天賦，順著讀者的心，點出「懼怕愛不好」的種種問題，提供一針見血又容易服用的見解，寫出這麼一本「安心」之書，畢竟這新世代做自己已不容易，更遑論談好一個精緻的戀愛，我們真的需要一本手冊與良藥。

希望這本書能為在愛中焦慮、迷惘的人灑下天光，對愛從此有新理解，那就功德無量了。

趕緊進化吧，渴望愛的年輕人們，加油喔。

要愛，不一定需要傷害

推薦序——溝通表達培訓師／**張忘形**

我是一個教溝通的人，但之所以會教溝通，是因為我渴望關係。

過去，我常常在關係中碰壁，尤其是戀愛中的關係。我一直相信愛是一種感覺，感覺對了，兩個人就能長久。但每次我遇到了感覺對的人，卻總是在相處上破滅。也有些時候，我們相處得不錯，但最終卻被我自己的不安全感打敗。

於是在一次一次的受傷中，我才發現，愛是一種感覺，但戀愛，是一種經營關係的方法。在這個過程中，我們可能需要先照顧自己，接著理解對方，並隨時提供支援。能彼此獨立，又可以相互依賴。

以上的概念，我可以講得很清楚，但如果你要問我這些轉變是什麼，老實說我可以跟你分享經驗，也可以告訴你做什麼有用，但卻沒辦法告訴你「有用」

背後的道理是什麼。

但是，在看完海苔熊這本書後，他把我想說卻不知道該怎麼說的概念，用有系統的方式說得非常清楚。並且搭配各種不同的情境，也許是單身的你，或是身在關係卻無力的你，也可能是剛分手的你，都有適合自己的功課。

偷偷說一下，我自己在書中看到以前的自己。總覺得付出就是一種愛，所以我會很努力的付出，希望對方也愛自己。但當我發現，對方沒辦法和我的付出一樣時，我就會非常生氣，覺得對方只是愛他自己，根本沒有愛我。

但老實說，我也是那個愛自己的人，我期待透過不斷付出，甚至把兩人綁定，來證明我們彼此都有愛。但也許愛他的方式，是尊重對方的自由和空間。

看到這個章節的時候，我都在想如果我早個十五年看到這本書，我想我的感情之路應該可以更加順遂。不過，千金難買早知道。如果你看到了這裡，也在關係中遇到一些難題，我好希望你能夠獲得愛，但不要從受傷中學習。

因此邀請你一起閱讀這本書，讓「愛自己」不是一句口號，而是一種練習。讓你真正的愛自己，也能好好去愛。

推薦序——諮商心理師・婚戀顧問／**瑪那熊**

兼顧理性與感性，這就是我們需要的愛情心理學！

「辣個男人終於要出書啦！」接到推薦序邀請時，我心裡浮現的這句話。這些年來，我們總能在網路許多平台、專欄，看到海苔熊用溫暖柔和文字，包裹著清晰理性的知識，來解答許多人的愛情困境。但一本架構完整，彷若情場迷霧指南的書籍（如同他前兩本書），相信許多人跟我一樣，已經敲碗許久了吧！

「我好興奮、我好興奮啊！」則是我細讀後的第一個念頭（請自行腦補梗圖），期待大家也能盡快看到本書。我本身在「愛情教育產業」打滾許久，發現近幾年不少網路文章或影片大聲疾呼「女人都是慕強擇偶」、「男人就該當Alpha」、「Beta只會淪為供養者」、「在關係裡透露脆弱會被女伴鄙視而離開你」……至於理由？往往推給「基因影響」、「生物本能」、「繁衍需求」。你各位看到這類網路內容，若是抱著娛樂心態觀之，其實無傷大雅（請支援「奇怪的知識增加了」貓咪圖）。但我卻遇過不少人信奉這些過於偏頗、偏激的論點，在脫單或關係經營的道路愈走愈偏。

人類愛情若被如此簡化看待，甚至忽略了社會文化、心理的影響，是非常危險的事情。而海苔熊運用他豐厚的心理學知識，搭配眾多實證研究，從多元且廣泛的角度，讓我們得以透過理性一窺愛情之秘密。但別誤以為這是本充滿理論的學術書籍，相反地，你會在字裡行間感受到和煦的陽光與微風，一如海苔熊帶給大家的暖心日常。

不論渴望脫單、想維繫現有愛情，或超前部署分手療癒，這本書都將帶著你前行。沒有誇張聳動的標題、也沒有艱澀難懂的文字、同時兼顧理性與感性，這就是我們需要的愛情心理學！

推薦序——諮商心理師／鍾筑凡

愛情，不需要很厲害，但需要真誠和用心。

「我終於要出新書了，我有榮幸請你幫我寫推薦序嗎？」

「好。」

簡短的對話，好像顯得這份邀請有點突然，我的承諾有點草率。但事實上，不論對海苔熊或對我來說，都是新的嘗試和練習，畢竟他難得開口請託，而我也難得不假思索地答應。

只是當我意識到愛情心理學並不是我的專長，內心難免緊張了起來，腦海中不斷浮現許多「你是專家嗎？」、「你的愛情順利嗎？」這種自我質疑的問題常常不請自來，擾亂人心。直到收到新書之後，仔細閱讀、咀嚼字裡行間的字句，心裡的不安逐漸被安撫。書中的每一個篇章都讓我想起他在這段醞釀出書的日子裡，經歷了好多難以熬過的困境，即便如此他依然持續書寫，除了安頓自己，也陪伴大家。在這段不容易的日子裡，他完成了一件不簡單的事，如今我有機會向大家分享這本書，也是我的榮幸。

「愛情，不需要很厲害，但需要真誠和用心。」

這是一本對愛重新定義的書，透過一道道對愛的困惑，反應著那些我們原本以為愛應該如何又如何的想像與期待。我們常順著自己的想像和期待踏進關係，內心卻隨著相處而開始退卻和不安，那種害怕自己被看穿，卻又渴望被了解的心情，常讓人不知如何是好。而這本書就像一面鏡子，讓我們看見自己在關係中的樣子，鼓勵每個人真誠地接觸自己、面對自己的需要和感受，然後允許它們的存在，坦然地迎接關係中的各種可能。

只是我們都明白「愛，很簡單，但愛起來卻好難。」

一直以來，我很佩服海苔熊總能將那些不容易理解的心理學研究，用很淺白的方式或是令人會心一笑的例子，讓人明白愛情中的現象和道理，這本書依然保有這樣的特色。只是我們都明白「愛，很簡單，但愛起來卻好難」，親密關係中的親近與疏離，就像體感溫度那樣地直接卻難以言喻，有時候就算只差一度也渴望著能被好好地擁抱。我想這本書最初的初衷莫過於此，給予需要陪伴的人，恰到好處的溫暖，然後繼續在關係中練習，繼續在關係中成長。

最後，我希望能將這本書推薦給在關係中尋找愛，在愛中尋找自己的每一個人，並深深祝福。

跨界名人・依戀推薦

（依照姓氏筆劃排序）

「愛情之所以困難，往往在於我們不夠了解自己。海苔熊一次次用文字與心理學的剖析，引領且療癒多少受傷的靈魂，讓我羨慕，讓我佩服。」

——作家 Ps

「有一種東西，雋永到被人討論了數千年，那就是愛情。愛情不是一場戲、一份作業或一種成就解鎖，愛情是一段協助你自我探索的旅程。旅行需要地圖，海苔熊這本新作就是一張心靈地圖，帶領你找到屬於你自己在愛情旅程裡，最精彩的路線規劃。」

——YouTuber & 作家 SKimmy 你的網路閨蜜

「這本書適合所有愛到喪心病狂、不轟轟烈烈便枉此生的愛情蕭婆們。不止在網路上看過海苔熊文章就好，你應該要買回家擺在枕頭旁邊，用便利貼在封面寫上『半夜鑽牛角尖時打開』，這是蕭婆後援會榮譽理事長給妳的最真摯建議。當然也適合送給妳那情海中浮沉、鬼遮眼還屢勸不聽的好姊妹（送她的話記得把這句用螢光筆劃起來）。」

——芒草心慈善協會社工師 李佳庭

「愛情往往很難用全然的理性去面對，這也是愛情迷人之處。往往情傷之後只有理性去思考並無法全然面對情傷後被掏空的自己。這本書是少有兼具理性與感性的愛情首選書，非常適合陪伴在愛情中無助與失落的自己！」

——石牌鄭身心醫學診所、諮商心理師 李素玲

「認識海苔熊這幾年來，一直覺得他是超級認真又過度自我要求的人，也就是如此高標準之下，才讓讀者們經歷漫長等待，也是因為要求完美，所以造福許多在

情感中總陷入膠著與不安的人。相信這本書，依舊融合海苔熊的理性與感性，將幫助你重新梳理在情感中的思路，更能放心與堅定地去愛與被愛。」

——諮商心理師　吳姵瑩

「你對愛情的想像是什麼？海苔熊用他的經驗與許多文獻爬梳，消化出常見的愛情困擾，以及如何讓自己在愛情可以走在自己想要的道路上。愛情這堂課很重要也很難，我們卻從小到大都沒學過，如果你想學，那你或許需要這本書。」

——諮商心理師　周慕姿

「海苔熊談起親密關係，有理性清晰的見解，佐以充滿溫度的陪伴。這是一堂最值得你投入的愛情必修課。」

——諮商心理師　胡展誥

「我們總在追求愛人及被愛，但能把握的是接納自己、陪伴自己、愛自己。帶著這本書，好好重新『練愛』吧。」

——詮識數位執行長 陸子鈞

「我期待海苔熊的新書，已經好久了，像極了愛情！每回在網路上讀海苔熊的文章，實在佩服他可以將親密情感議題，剖析得如此深入，又敘述得如此淺白。那些文字，是多麼一針見血，逼得人靜下來深度思索。如今，終於集結成冊，為在愛情海裡載浮載沈、難以靠岸的人們，點了一展明燈。你還在等一個對的人去愛嗎？不，你得先讓自己成為對的人，學會愛自己，才是經營幸福關係的終極之道。」

——諮商心理師、暢銷作家 陳志恆

「書寫『愛』，是一件不容易的事——你要擁有能夠安撫心靈的溫柔，以及能不墜入深淵的理智。在我心目中，海苔熊就是那個兼顧智性與人性、最適合書寫愛的心理作家。」

——諮商心理師、作家 許皓宜

「這人世間的愛與不愛，苦與不苦，只要存在過，它便自成風景！儘管在莎士比亞筆下，愛情是盲目的，但在海苔熊的睿智與洞見中，直指愛情的本來樣貌，並不是把愛如飛蛾撲火般，全然投注在對方身上；而是一趟華麗的冒險，一趟尋回自己、愛回自己的旅程！

愛情的弔詭，在於它可能如鬼魅般，讓人無法自拔之外，也可能有機會翻轉成另一種親密關係的出口！海苔熊亦莊亦諧的文風，為讀者娓娓道出心中幽暗隱微的聲音，並且在你需要的時候，為你說話，為你療傷！」

——國立彰化師範大學輔導與諮商學系教授 黃宗堅

「身而為人，人生的旅途中少不了愛情，而對我來說，更少不了海苔熊的陪伴。他溫暖與細膩的文字，連理科人的感性腦都能療癒，不論是正處於如薛丁格的貓般曖昧、或是在撕心裂肺的失戀時。」

——PanSci 泛科學總編輯 雷雅淇

「其實，愛情的糾結從來不是那個糾結；破碎的傷痛也從來不是那個傷痛。真的需要處理的是：那個存在已久，讓自己掙扎卡關的個人議題。」

——石牌鄭身心醫學診所 鄭宇明醫師

「每段經歷、每種碰撞、每次對自我的懷疑，堆疊坍縮成不安的種子，深埋在體內角落。透過海苔熊的文字，慢慢搜尋出這些種子，悄悄剖開堅硬外殼，細細爬梳果核中心。讓過往成為養分，滋養真誠的自己。」

——〈海苔熊心理話〉前製作人 蔡明真

「離婚夫妻最常說的，就是我們不適合，但究竟是不適合，還是不懂怎麼去愛？也許，先了解自己愛的種類，才會有愛人的能力。」

——律師　簡大為

「每個人都值得更懂愛、懂自己，推薦從熊式暖心文開始熊抱自己，品味書中廣羅現象、解析因應又深入自我直搗核心的愛情心理學。」

——蛹之生心理健康集團 負責人・蛹之生心理諮商所 所長・諮商心理師 譚慧蘭

「從情愛的泥沼中，盛開出自己的花。」

——情慾詩人　靡靡

作者序——

日漸安心，從一個人到兩個人的戀愛心理學

這本書我想要寫給在感情裡跌跌撞撞，經歷傷心但是又害怕失望，自我要求但卻一直沒有結果的你。

距離上一本書出版已經過了兩千多個日子，這段時間我一直在想，要用什麼樣的文字，什麼樣的溫度，才能夠給予「足夠溫柔」的陪伴，所以拖拖拉拉，沒想到一拖就是好幾年。後來某天晚上我到公園散步，皎潔的月光灑在我的肩膀上，我突然明白，月亮雖然每天都一樣，可是它的存在就足以讓在夜裡感到寂寞的人，有一種「我不孤單」的完整。所以我開始整理這些年來我發表在不同平

台的文章，善良的編輯汝雯很有耐心的幫我集結成冊、等待我龜毛的整理參考文獻，再加上一些潤飾跟修改，以及最重要的，我為每一篇文章都寫了想給你的一段話，就成了你手上的這本書。期待它像月色一樣，可以讓你在每一個覺得「不知道該怎麼走下去」的晚上，擁有一盞溫暖的光。

永遠不夠好的自己

在這些年醞釀、等待出書，一直到終於整理出版的過程，我發現其實某種程度上也反映出許多人戀愛中的模樣。比方說，在感情裡面我們會經常面臨下面幾種心情：

- 求好心切，用盡一切努力希望對方改變。
- 明明努力了很久，但是卻發現好像一直沒有辦法達到自己的目標，或者是心中的標準。
- 有一種失望跟無力的感覺。

可能再來就放棄、放著擺爛，當別人問及你的感情，你就會笑笑的說：「還不就那樣。」

回首過往，覺得這一路以來好像什麼都沒有完成，還是重複同樣的劇本。

但這些可能都只是表面的現象，如果你往下探索，你會發現所有人際關係互動的困境，幾乎都來自於下面兩個因素：缺乏安全感（insecurity）以及無法自我接納（self acceptance）。因為害怕自己終究不會被愛，所以努力的去抓住一些東西、留下一些人、甚至待在自己覺得辛苦的關係裡面；因為懷疑自己可能不夠有價值，所以拚了命的想要去做一點什麼、讓別人能夠愛自己，連對方踩了你的線、甚至是原本不是自己該負責的事情，都變成自己的責任；因為太恐懼最後自己仍然剩下一個人，所以在感情裡面忍氣吞聲、在關係裡矛盾的拔河，在被拒絕的時候懷疑自己存在的意義……。

所以在人來人往又人去樓空之後，每一天還是過得不安穩，還是有一個焦躁的地方想要被平衡，還是在想起過去某一些背叛跟傷口的時候，陷入深深的黑洞。或者是，表面上看起來好像很堅強、很正常，但只要一個人的時候，許多過往的失望還是會湧現，可能是罪惡感、次等感、不值得感、落後感等等，這些感覺就像是鬼魅一樣，如影隨形的跟在身邊。

關係裡的恐懼

要如何擺脫這些在關係裡的不確定感，以及在自己身上的焦慮？以前我就會說，這裡有ABC三個方法，請照三餐服用，兩個月之後馬上見效。但因為這些年來開始讀了諮商所，了解許多生命都有它獨特的重量，許多感情與人際關係的議題，都不是一朝一夕，可能跟過往的經驗有關、也可能跟長久以來腦袋裡面一個固著無法被改變的聲音有關，更可能跟你所處的環境、身邊的人給予的壓力有關。也因為這樣，光是每一個小小的改變跟挪動，都是很不容易的。不論是曖昧追求或交往，相處分開或放下，每一個階段有每一個階段的難題，而每一個難題都會有無限多種可能的結局。在關係裡，我們渴望被愛又害怕失去，只能夠用有限的自己，去愛那些也同樣在意我們的人。

值得慶幸的是，就算是有限的自己，也已經是足夠好的自己了。就像一開始我說，我想要出一本「可以好好陪伴大家」的書，結果拖拖拉拉就好多個寒暑，我一直覺得自己寫的東西好像有某種「不足夠」，卻忽略了在這樣的不足當中，我的文字已經不知不覺地陪伴了大家許多個秋冬。你也一樣，你有很多很棒、很美好的地方，可能你還不夠有自信、可能還是會時不時想起自己很糟糕、常常自我懷疑，但這一切本來就是生命當中的日常，身為一個平凡人，本來就是有時候會為自己感到開心，有時候會對自己感到失望，但也因為有情緒的起伏，讓我們更像一個「真正的人」。

一起，把自己愛回來

這本書，同時也是要獻給「認真過生活、認真去愛」的你。從一開始的選擇伴侶、認清自己的需求、理解自己可以單身而且不將就；到中間的相處和不安、衝突與磨合；一直到最後主動提分手的步驟、被動離開的調適，甚至是面對心中那種「放不下」的感覺，每一篇文章除了描述一些心理學的概念、研究和我的想法之外，我也希望提供一種陪伴的感覺，讓每一個閱讀的人，可以在「不小心又掉下去」的時候，可以輕輕的被接住，然後慢慢地，靠自己的力量，繼續往後的旅途。

一直以來，你已經很努力了，你努力在讓自己變好、努力去追求自己想要的感情、努力在愛那些你很愛的人；一直以來，你可能嘗試逃避心中某一個黑暗的地方、迴避那些你一直不敢觸碰的過往，渴望自己能夠像小孩一樣，有一天能夠被好好的愛回來；一直以來，你靠自己的力量走了好遠好遠的路，有時候總是覺得辛苦又沒有辦法得到祝福，那麼現在你可以稍微放輕鬆一點，或許眼前的路還有許多的顛簸，或許還會遭遇很多無法預期的失落，但我相信只要彼此相伴，就能面對那些一個人無力面對的困難。

把你的手給我，我們，一起走。

目錄
Contents

Chapter 1

愛在怦然心動時

為什麼我總遇不到對的人？

目錄 Contents

Chapter 2

為什麼總是愛得那麼苦？

愛在糾結不安時

Contents
目錄

Chapter 3

愛在心碎破滅時

分手後，如何快樂？

Chapter 1

愛在怦然心動時

為什麼
我總遇不到對的人？

其實你比誰都知道，你不是太挑、
只是還沒有遇到對的人。
當你過度焦慮於「對的人」，
反而會讓你更看不清楚自己要的是什麼，
所以，在找到對象之前，你得先找到自己！

關於愛情，或許一直以來你都想錯了
——愛的重新定義

一直以來，我們對愛情可能都懷抱著一種錯誤的想像。

一直以來，我們都以為，要找的是一個可以完整自己、愛得轟轟烈烈的人，我們希望感情是充滿浪漫、時時怦然，像是《步步驚心》裡的四爺與若曦，或是來自星星的都教授與千頌伊，縱使危機四伏，還是能憑藉愛，跨越各種艱難和辛苦。但事實上，單純憑藉著熱戀（passion）的感情是不靠譜的。已經有許多研究都指出，愛上一個人之後，那種很愛很愛的感覺會隨時間而消退[1]。換句話說，「愛到乏味」是許多人必經的路程。但正因為我們對關係的炙熱，會隨著時間走向平淡，才有機會做下面兩件事情：

1 **自我實現**：發展事業，支援雙方走向自己的理想。從「米開朗基羅效應」（Michelangelo Phenomenon）①的觀點，一段良好的關係並非從未有爭執與衝突，而是對方可以看到你的潛能，並支持你，讓你變成更好的人[2]。

2 **培養彈性**：在每一次的衝突和意見不合當中，看見自己與對方的不安、諒解彼此都有在乎的點、也承認雙方都是同樣需要被關照、需要愛。然後從這些看見當中，從「自由獨立」與「依賴支持」當中，找到自己的平衡點。

另一個感情的思考謬誤是：我們可能都以為有一種感情，可以拋下一切、不管對方的身分地位、不看對方的外貌過往，只單單因為對方本身，而墜入愛河。但奇怪的是，我們常常一邊鄙棄那些嘴裡嚷嚷著要找官爹富娘的人，一邊又在擇偶的時候偷偷檢核著對方的高、帥、富、爹、才。

為什麼會這樣？

其實我們不需要急著否認，自己在乎對方的外表和身分。心理學與腦科學教授安琪拉・D・布萊恩（Angela D. Bryan）等人進行的一連串有關擇偶條件的研究表明，不論是選擇「短期外遇」或是「長期伴侶」，外貌吸引力與身分地位永遠是最有力的預測因數之一[3]。不過，如果你想找的是一位能陪你走一輩子的人，你可能會希望他至少能好相處、個性溫和（agreeableness）。

關於分開，我們也常想錯了。一個人的離開，往往不會只有單一原因。一段關係之所以走到了盡頭，常常是在更早的時候，已經有一方對彼此感到不滿，卻因為害怕損傷關係，選擇躲藏隱匿。沒想到這份害怕，卻隨著時間漸漸長大。

不愛了，不是因為我們對愛的要求提高了

每次演講，我總會問在場的大家：你理想中的另一半，應該具有什麼樣的特質？最常聽到的答案是「彼此了解」，有心事能互相分享、能給予自己情緒回應與支持。我們之所以會愛一個人越來越深，是因為我們能互相自我揭露（self-disclosure），在這樣的信任關係裡，我們克服了自己的不安，冒著對方可能會傷害自己的風險，說出自己內心的黑暗與擔憂。

根據社會心理學專家卡里爾・E・拉斯布特（Caryl E. Rusbult）的「親密關係投資模型」（Investment Model of Commitment）②，關係的維繫或崩解（dissolution）通常受到三股力量所影響[4]：

1 **關係滿意度（Relationship Satisfaction）**：在這段關係中的快樂程度。

2 **投入程度（Investment）**：花在這段關係裡的時間、心力與金錢。

3 **其他可能的關係（Alternative）**：是否有其他感情的對象。

曾幾何時，那些離婚的人將相知相信走成了不問不提，既已經失去了當時的親暱，又如何將當前的感情繼續維繫？可是從上面的理論看來，不快樂的關係並不必然會有外遇，也不必然會離婚。

我們之所以會漸漸變得不愛了，不是因為我們對愛的要求提高了，恰相反，而是因為我們對於愛的想像都還停留在一開始的心動與炙熱，而無法接受後來的平淡與摩擦。如果這個時候有另一個新對象出現了，重新打中你的那些心動與炙熱，你可能會以為，這才是自己真正愛的人。可是到了最後，你才發現一切只是一種愚蠢的迴圈。

真愛似乎意謂，我們一生能遇到一個最適合自己的人。但事實上是，那些原先就過得很快樂的人，往往不論遇上誰都能有很不錯的關係；而那些始終懷抱不安、多慮的人，不論跟誰在一起，常常還是會被這些情緒所困。那些我們想像中的天作之合、命中注定，在關係滿意度當中常常只扮演非常小的效果[5]。

所謂完美的情人並不存在，就像完美的自己並不存在一樣。如果你始終都沒開始學會如何愛自己，那麼再多段的感情，都只是反覆重演那些以「害怕」為核心的劇情。

只有在真誠的時候，我們才能顯現出最坦然的自己

關於衝突處理，或許你也想錯了。那些你曾經想偽裝的、想刻意調整的、想在衝突時按表操作的，在你認知資源不夠的時候，就沒有辦法再「假裝」了。

我們常以為愛一個人，就是能接納他的不完整，但並不表示我們得補齊或

改變他。記得有個神話故事說，我們人類原先是一對一對的，就像一顆肉球一般，有兩個頭、四隻手、四隻腳（所以前進的時候是用滾的）。直到有天，雷神索爾生氣了把我們劈成兩半，所以我們終其一生都在找那個失落的另一半。於是，我們總是對另一半抱持著互補的想像。

荷蘭心理學專家彼德內爾・迪克斯特拉（Pieternel Dijkstra）等人進行了一項有關於吸引力（attractiveness）的研究，他們發問被試者「你喜歡相似的人，還是互補的人」的時候，百分之八十六的人都說他們喜歡互補的人，但心理測驗的結果卻發現，他們真正喜歡的是相似的人[6]。後續關於相似性與互補性的研究則說明了，真正重要的不是這個人「實際上」跟自己像不像，而是「看起來」和自己像不像[7]。但這些研究並不表示，我們在愛裡可以隨心所欲。相反地，在每次表現出「真正的自己」的時候，更該要「看見」自己的行為是否正在損傷這段關係，並試圖做出一點調整，因為關係是禁不起不斷被傷害的。

答案並不能帶我們通往任何地方，但思考可以。誰不是在愛裡反覆考察自己行動的理由、一再檢視自己的情緒與糾結，並透過這些，更貼近自己一些？

有些人不信任愛情、不敢邁入一段穩定的關係。因為只要擁有就會有失去，只要付出真心，就得承擔受傷的可能性[8]。可是我們這樣的人，心裡其實還是渴望著愛的，所以在許多看似滿不在乎的行為中，還是藏著想愛、也需要愛的衝動。於是這些年來，我一直在學習的**三個課題**是：

1 **承認自己也是需要愛的。**

2 **貼近自己的情緒和感受，並誠實地表達它。**

3 **在關係中，試著和自己的不安共處。**

這三個看起來很空泛的口號，卻糾結著許多人。因為最簡單的事情，常常是最難做到的。很多時候一度以為自己終於能開始面對恐懼了，下一次卻又開始害怕、逃跑。

順著這樣的脈絡，我給那些在關係裡躊躇的人同樣的建議是：不論你是否計畫踏入婚姻，都該學著和自己的不安共處。倘若你想找一個人陪你走一生，也別忘了讓他「認識」你的不安。因為我們在感情與生活裡面對的許多問題，都和安全感息息相關。

唯有你真正開始一步一步地接觸自己的不安，幸福才會一點一點地靠岸。

【延伸閱讀】

1——Sternberg, R. J. (1986). A triangular theory of love. Psychological review, 93(2), 119.

2——Drigotas, S. M. (2002). The Michelangelo phenomenon and personal well being. Journal of Personality, 70(1), 59-77.

3——Bryan, A. D., Webster, G. D., & Mahaffey, A. L. (2011). The big, the rich, and the powerful: Physical, financial, and social dimensions of dominance in mating and attraction. Personality and Social Psychology Bulletin, 37(3), 365-382.

4——Rusbult, C. E. (1980). Commitment and satisfaction in romantic associations: A test of the investment model. Journal of experimental social psychology, 16(2), 172-186.

5——Orth, U. (2013). How large are actor and partner effects of personality on relationship satisfaction? The importance of controlling for shared method variance. Personality and Social Psychology Bulletin, 39(10), 1359-1372.

6——Dijkstra, P., & Barelds, D. P. (2008). Do people know what they want: A similar or complementary partner?. Evolutionary Psychology, 6(4), 147470490800600406.

7——Lutz-Zois, C. J., Bradley, A. C., Mihalik, J. L., & Moorman-Eavers, E. R. (2006). Perceived similarity and relationship success among dating couples: An idiographic approach. Journal of Social and Personal Relationships, 23(6), 865-880.

8——Domingue, R., & Mollen, D. (2009). Attachment and conflict communication in adult romantic relationships. Journal of Social and Personal Relationships, 26(5), 678-696.

【註解】

①——心理學家史蒂芬・M・德里哥特斯（Stephen M. Drigotas）認為戀愛的過程就像是米開朗基羅雕刻大衛像一樣，稱職的另一半能順著你的特性，激發出你的潛能，讓你變得更喜歡自己，而不是只在乎自己的需求，一味地要求你符合他的要求，這就是所謂的「米開朗基羅效應」（Michelangelo Phenomenon）。

②——社會心理學家卡里爾・E・拉斯布特（Caryl E. Rusbult）的「親密關係投資模型」（Investment Model of Commitment）是根據「社會交換論」（Social Exchange Theory）衍生的理論。提出維持親密關係有三個關鍵要素：滿意度（Satisfaction）、潛在替代對象的品質（Quality of Alternatives）、投入程度（Investments）。

當你在愛裏可以
坦然自在地做自己
對方往往也能感受到安心。

你是不想強求，還是不願將就？

——四種單身類型

這陣子我遇到一些朋友，他們年齡大概落於二十九歲、三十四歲、三十九歲左右，這些人共同的困擾都在於，有「要往人生下一個階段進步」的壓力，對於男生來說，社會期待的「進步」就是「職業穩定」、對於女性來說，刻板印象的期待是「有一段穩定的關係或者是家庭」。

雖然這些朋友跟我聊的時候，多少都認為這樣的期待非常古板，但他們同時也告訴我，要不去理會這樣的期待，其實要付出的代價比想像中的還要多。所以，不少人仍然糾結其中。

以女性來說，當我們討論感情與婚姻話題的時候，通常會感覺到這些女孩們內在有一種矛盾：「其實我沒有真的很想要進入婚姻，但身邊的人給的一些壓力，會讓我不得不去思考關於婚姻的問題。而且，好像結婚，是大家都會走的一條路，所以似乎**跟大家一樣**，會比較輕鬆。」（性別與婚姻研究上我們習慣稱之為：阻力最小的路。）

你也是這樣的人嗎？曾經被別人說你很挑、眼光太高、就是不走出去所以才沒有機會認識新朋友、或者是朋友一天到晚嚷嚷著要幫你介紹，但都只是說說而已？其實你比誰都知道，你不是太挑、只是還沒有遇到對的人。可是，**當你過度焦慮於「對的人」，反而會讓你更看不清楚自己要的是什麼，而這樣的緊張，會限縮你的注意力。所以，在找到對象之前，你得先找到自己！**

三種自我

根據心理學教授愛德華・T・希金斯（Edward T. Higgins）的「自我差距理論（self-discrepancy theory）」[1]，每個人心中有三種不同的自己。這三種「自己」分別為：

1 **真實我（actual self）**：你現在的樣子。

2 **應該我（ought self）**：你覺得別人想要你變成的樣子，就是「我應該成為一個＿＿＿＿的人」。

3 **理想我（ideal self）**：你想要你變成的樣子，就是「我想成為一個＿＿＿＿的人」。

愛德華・T・希金斯認為，你的「真實我」和另外兩者的距離，稱之為心理差距（discrepancy）。如果你的「真實我」沒有達到「應該我」的標準，就會有焦慮（anxiety）的感覺；而「真實我」沒有達到「理想我」的標準，則是會產生憂鬱（depression）的感覺。

很難懂的話，來舉個例子好了。例如說，逢年過節回家，家人都會有意無意地問你的「感情狀況」，你因此覺得自己「應該要結婚、有小孩」，所以內心就會產生焦慮的感覺、不想要回家（這是「真實我」和「應該我」的差距）；又例如其實你很渴望一段自在的戀情，可是每一段你過去談過的戀愛，都讓你痛苦萬千，這就有可能讓你產生憂鬱的感覺，覺得自己為什麼都遇人不淑（這是「真實我」和「理想我」的差距）。

不過，上面這段只談到「真實我」和另外兩者之間的差距，並沒有把「應該我」和「理想我」放在一起比較和考量。所以，當我們利用上面的三個概念把它畫成一個表格（下頁），並且假設你目前的狀態是單身（真實我），你就可以知道自己坐落在哪一個狀態。

四種不同的組型

假設你目前的狀況是沒有穩定交往的對象，或者是單身的狀態，再搭配上這個表格，通常你會坐落於下面這四種類型當中的其中一種：

真實我是「單身」時的自我狀態

應該我

覺得旁人允許你可以做自己，不一定需要有人陪過下半輩子

覺得好像一定要結婚找到歸宿，才是一條安穩的路

理想我

內心深處想要單身 → ① 一致型 ／ ② 矛盾型

內心深處想要有個伴 → ③ 等待型 ／ ④ 雙重焦慮型

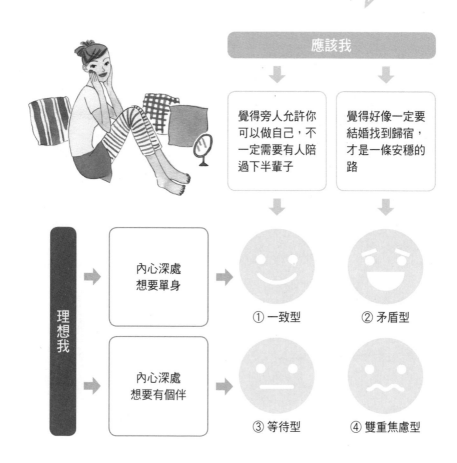

1 一致型

你目前單身、也很喜歡單身、也很渴望單身、而且周遭的人也覺得你單身很好，這大概是過得最快樂、最自在的一種人。

2 矛盾型

其實你渴望一個人過，但隨著年齡、隨著旁人的眼光，他們似乎「不允許」你這樣做[2]，或者是你內心深處有一個聲音一直告訴你，結婚才是一輩子最終的憑依，這會讓你非常矛盾，因為其實你並沒有想要結婚，可是另外一方面，你又面臨了外在的壓力，**好像非得結婚，才不會被社會給拋棄**。看起來這一類型的比較悲慘，但其實只要調整一部分就可以了——你的理想我和真實我並沒有差距，都是單身的狀態，但你的真實我跟應該我之間有一個差距，所以會讓你感到非常焦慮，這時候你該把重心放在「那個應該」上面，跟朋友聊聊談一談，是不是所有的社會期待都像你所想像的那樣、一定要結婚才是最好的結局？

3 等待型

你不是不想將就，而是不願意強求。等待型的人其實覺得單身也無所謂，你並沒有感受到外在的壓力，但是自己卻很想要有一段穩定的關係，只是過去都遇到不好的對象，所以現在你會比較謹慎小心，而且也不會因為看到一個還可以的人，就湊合著將就。你明確知道自己要的是什麼，只是那個人還沒有出現。在這樣的情況下，你所需要做的事情除了等待之外，還有拓展更多的交友空間，例如透過網路、活動、社團或者是朋友的朋友等等，這樣才能有更多的機會，遇到可以和自己契合的對象。

4 雙重焦慮型

看起來是最悲慘的一種，但其實也沒那麼悲慘，因為不論是外在的壓力或內在的期許，都告訴你、你還想要結婚、想要有一個歸宿、所以你大概不會跟家人朋友在價值觀上面有什麼衝突，只是你要面臨兩個壓力：

「我已經很煩了，我也很想要有對象，請不要再逼我了！」

「我就是目前找不到適合我的人啊，怎麼辦？」

針對第二個壓力，其實化解的方式就像是前一種類型所說的，多拓展交友圈（你或許會覺得用網路交友很像不太好，但這的確是這個時代另外一種拓展機會的方式，何不給自己一點機會嘗試看看呢？），而針對第一個壓力就比較棘手了，你得先劃出自己的界線，當你清楚自己在做什麼、就不會被外在的聲音所困擾（關於這點要講可以講很久，可以參考延伸閱讀）[3][4]。

當你長期一個人，又習慣自己解決問題、不想麻煩別人的時候，常會顯得慌亂、不知所措、甚至有些時候，根本遺忘了自己本來要的東西是什麼，所以不論如何，找你可以信任的朋友，談一談關於單身的話題吧，或許能夠緩解你的情緒、甚至真的拓展你的交友圈（不過，請謹慎挑選對象，挑錯人的話反而會讓你更焦慮）。

其實「強求」和「將就」，往往是一念之隔，當你更能夠區分自己是屬於哪一種人，更感覺到自己內在的情緒到底是焦慮還是憂鬱，或許你就更有機會可以自在地拓展自己、進入一段真正讓你感到安心的關係。

【延伸閱讀】

1——Higgins, E. T. (1987). Self-discrepancy–a theory relating self and affect. Psychological Review, 94(3), 319-340.

2——周慕姿（2019）。他們都說你「應該」：好女孩與好女人的疼痛養成。台北：寶瓶文化。

3——楊嘉玲（2017）。心理界限：尊重自己的意願，三個練習設立「心理界限」，重拾完整自我。台北：采實文化。

4——吳姵瑩（2018）。關係界限：解決人際、愛情、父母的情感糾結症。台北：遠流出版。

你不是不想將就
只是不願意強求。

製造神祕感，對關係有幫助嗎？

——關係變好的兩個規則

一對男女剛認識，對彼此都有意思，女人其實很喜歡男人，但姊妹淘們覺得，主動好像顯得很飢渴，所以她只能按捺住心中的喜歡，等男人約，沒想到男人也一樣，回家之後正在猶豫要不要傳訊息給她，但朋友勸阻他千萬不要！因為這樣會顯得他好像很在乎這段關係，應該要吊一下她的胃口；按捺了一個星期之後，男人終於傳訊息給女人，這個時候，女人的姊妹淘又說話了：「千萬不要回對方訊息，要等一個月之後再回！要吊一下他的胃口！」於是兩個人就這樣，你吊我一個星期，我吊你一個月，你再吊我半年，我再吊你兩年，沒想到，在兩人踏進墳墓之前都沒見到面。

這個是網路上流傳的一則搞笑影片，用來諷刺那些自以為愛情軍師的兄弟姊妹淘們所謂的「神祕感」技巧。沒想到那些他們所以為的處心積慮、精挑細選，到最後都變成了一種浪費時間！

如何區辨姊妹淘們的豬頭意見？

談戀愛的時候，我們多少都會徵求朋友們的意見，問題是，什麼是好見解，什麼又只是他們毫無根據的個人意見？他們給的這些方法和規則，真的能夠讓你找到更適合你、可以在一起更久的人嗎？

心理學家很難阻止姊妹淘們給你意見，不過他們至少知道哪些是沒有用的方法。心理學教授克里斯多福・R・阿格紐（Christopher R. Agnew）與傑法特（Gephart, J. M）邀請了一群異性戀的男女來到實驗室，想了解究竟是什麼行為可以增加「關係中的承諾感」。他請他們回想當初和伴侶認識時，是不是遵循某些「約會規則」[1]？例如講電話的時候要先掛電話、不要常常答應對方的邀約，否則他會覺得你很好約很「廉價」、還有說話的時候不要看對方的眼睛等等。

結果發現，只有兩個「規則」，與關係中的承諾感（也是預測你們兩個人是否可以長久交往的重要指標）有正相關：

✔ 讓男人來提出約會的要求（就是再飢渴，你也不要自己主動邀約）。

✔ 第一次約會的時候，應該減少肢體接觸和接吻。

下面幾個規則，則和你們兩個會不會在一起很久「完全沒有關係」：

✘ 讓他當第一個打電話的人（而不是你先打去）。

✘ 別放東西在男人家。

✘ 不要答應男人臨時的邀約（若他約你等一下去吃宵夜，就千萬不要答應）。

✘ 不要看對方的眼睛（事實上，研究發現凝視彼此的眼睛反而會增加兩個人的愛意）[2]。

而最後這兩個，不但無助於你們的關係，還可能讓男人比較不想跟你長期交往：

✗ 盡量把自己搞得很難約，一個星期之內不可以跟他出去兩次。

✗ 盡量保持神祕，不要告訴男人你的生活瑣事（例如說你們兩個沒見面的時候，你都在做什麼）。

總而言之，很多時候我們會覺得欲擒故縱「看起來好像很有用」，因為吊對方的胃口，的確會讓他產生一種焦慮的感覺，但是親愛的，這並不是愛情。有些姊妹淘自己喜歡操作「神祕感」，然後也教你這些規則，但後來你會發現，如果你在感情當中付出的只是一種操弄，或許會減少傷心的可能，但也讓你更難遇到對的人。

隨著戀愛經驗的成熟，你漸漸會明白那些所謂的欲擒故縱，擒到的都是一個個的焦慮，放走的都是一顆顆的真心。

【延伸閱讀】

1 —— Agnew, C. R., & Gephart, J. M. (2000). Testing The Rules of commitment enhancement: Separating fact from fiction. Representative Research in Social Psychology, 24, 41-47.

2 —— Kellerman, J., Lewis, J., & Laird, J. D. (1989). Looking and loving: The effects of mutual gaze on feelings of love. Journal of Research in Personality, 23, 145-161.

欲擒故縱固然可以
換得暫時的關心 但長年
下來反而累積成焦慮。

為何他一直不願意定下來？

——破解曖昧延長症候群

「有點後悔當初衝得太快……」朋友Candy網路上認識了一個男子，幽默風趣，講話又很有默契，不知不覺養成了每天早安午安晚安的習慣，但是自從上次討論到有關於「未來」的話題之後，兩人之間的氣氛就變了。

他開始避不見面，談話內容也是有一搭沒一搭的……Candy問我說，是不是她做錯了什麼？可是兩個人也曖昧了一段時間，單獨出去過幾次，還一起去過夜，她不懂都已經做到這樣了，男女朋友會做的事情都做了，為何對方還不願意給她一個交代？她不想要把對方想得很糟糕，但她沒有想過的是，**會不會現在的狀態，就是對方想要給的交代？**

逃避承諾的三個原因

「如果他一開始就沒有打算要和我在一起，那為什麼要答應跟我出去過夜？如果他對於承諾這件事情有障礙，他為何還想要和我走到這樣的地步？」Candy說，一副「為什麼他要出來危害人間」的模樣。

撇開暈船或者是蓄意約炮，若兩個人是真心認識想交往，為什麼只要一觸碰到未來的主題，就會忽然變得疏離？那些恐懼給予承諾和不想要穩定下來的人，我們到底是踩到他們的什麼罩門？

一般來說，對於「承諾」（commitment）有所逃避的人，他們可能同時對於穩定的關係有所懷疑（可能是不相信自己能夠維持一段穩定的關係，或者是不相信有人能夠和他維持穩定的關係），可是又渴望愛情、或者是仍然會被其他人吸引。這樣的人或許有下面幾種特徵：

1 家庭陰影 [1]

曾經有一個朋友跟我說，一直以來他也不懂為什麼每一次對方提說要進一步關係的時候，他就會逃走。直到有一次他談到他的家人，那個不顧一切就丟下他們母子去外遇的父親，以及那個每天以淚洗面、抱著怨恨咒罵的母親，他心想**絕對不要跟他們一樣，進入一段有名無實的婚姻**，他也才終於發現，原來他並不是抗拒愛情，而是抗拒和自己父母一樣的感情。後來我問他，你這樣做是為了怕自己有一天也被傷害嗎？沒想到他的答案讓我非常驚訝——

「我怕自己變成那個傷害別人的人。與其到最後讓對方受傷，不如不要開始。」但他所不知道的是，他一直想要逃避家庭的陰影，反而被家庭的陰影所傷；他看似沒有讓兩個人進入任何一段「承諾」的關係，但由於每段關係都是真實的，所以這樣的一種閃躲，反而讓雙方都感到頭痛。

2 吞噬恐懼[2]

另一種情況是害怕被吞噬。一個人有一個人的自由，兩個人有兩個人的天空，但人是很犯賤的動物，一個人的時候想要兩個人的天空，兩個人的時候想要一個人的自由。有些人會願意為了在一起而犧牲一些自由，但也有些人是因為長期在被控制和吞噬的家庭裡面長大，只要有一些風吹草動，他們就如驚弓之鳥一樣，擔心一句承諾就等於要扛起對方所有的生活。有可能是過往他曾經交過一個過度依賴的伴侶，有可能是小時候他得過度去承接家人的情緒，現在好不容易終於脫離了地獄可以喘一口氣，但仍然渴望有親密的關係，於是在剛認識你的時候會想要跟你多一些互動，可是當兩個人的關係更好一點的時候，就會觸動他的警鈴，然後他就會退縮，甚至消失無蹤。

3 不相信自己值得[3]

還有一種可能是不相信自己值得被愛。「每次當對方要跟我更靠近的時候，我就會有點害怕，怕他們有一天會看穿真實的我，就會發現我其實沒有他們想像的這麼好。」曾經有一個朋友常跟我說，他每段感情都是「曖昧到了極致就放手」，搞得每個跟他相處的人都痛不欲生。他看起來總是有自信、談笑風生，但是私下他卻是一個很害怕別人看到他弱點的人。如果一個人總是要戴著面具過生活，而且這個面具在親密的對象面前也無法脫下，其實是一種**「對於關係的不信任」，不相信對方可以接住自己的脆弱，也不相信自己脆弱的那一面，仍然是可愛的**。

上面這幾種，都是一個人會不斷延長曖昧、逃避承諾、或者是直接人間蒸發的可能原因，當然還有很多其他可能，不過知道原因只是讓你心裡稍微好過一點，並不一定能夠協助你放下他。**如果你也卡在一個延長曖昧的人身上，你唯一要做的一件事情就是：停止改變對方。**

如果遇到逃避承諾的人

你會發現，當你越是想要逼他做出任何決定，他會越恐懼、然後越不知道該如何回應你，甚至像烏龜一樣躲起來，或裝沒事——但這並不是你的問題。

放下很難，而如果你想繼續在這段「延長曖昧」的關係裡，你可以思考的是：

- 倘若這狀態要持續下去我願意等待多久？
- 到什麼程度我會決定要離開這段關係？
- 我可以做些什麼事情讓我比較好過？

有一句話說裝睡的人是不會醒的，如果你把他們打醒，他們可能還會責罵你。所以可以反過來想想自己，如果你已經知道對方是一個抗拒承諾的人，那麼是什麼讓你難以放下這個人？

當你不再為了他的裹足不前，而放棄自己幸福的權利，或許做出任何決定都還不容易，但你也開始慢慢地能夠在一段延長曖昧的關係裡，找回那個失落的自己。

【延伸閱讀】

1——黃之盈（2016）。從此，不再複製父母婚姻：三十五種練習，揮別婚姻地雷，找回幸福。台北：寶瓶文化。

2——Mikulincer, M., & Shaver, P. R. (2007). Attachment in adulthood: Structure, dynamics, and change. New York: Guilford Press.

3——派雅・梅樂蒂（Pia Mellody）、安姬雅・米勒（Andrea Wells Miller）、凱斯・米勒（J. Keith Miller）（2017）。當愛成了依賴：為什麼我們愛得那麼多，卻被愛得不夠？（Facing Love Addiction:Giving Yourself the Power to Change the Way You Love）（曾舜華譯）。台北：遠流。

不要再為了他的裹足不前

而放棄了自己幸福的機會。

為什麼，總是遇不到對的人？

——住在你心裡的三個陰影

你經常跟別人說，自己是愛情絕緣體，長相普通平凡無奇，身邊總是圍繞著很多哥兒們，卻沒有一個能夠真正走進你心門。

一開始你以為這是一種自我解嘲，可是時間久了，竟然連自己也不覺得好笑。朋友們的臉書動態不斷提醒著你——從試婚紗、忙婚禮、到曬嬰兒照，你卻永遠只能曬你家的貓。你跟自己說不能急，卻仍壓抑不了偶發的單身焦慮。

一直以來，你之所以無法好好愛上一個對的人，並不全然是因為你心裡還卡著一個人，而是因為隨著年齡的更迭、工作與生活的疲累，讓你忘記了原來自己有多麼值得。

勉強遇到了一個讓你小小心動的對象，姊妹們卻說你的心值得放在更好的地方；試了幾個人感覺都不對勁，她們卻又說你眼高手低太挑剔。想當年，和你一樣滯銷、說好要跟你一起去住養老院的人，最後也都紛紛嫁給了她們生命當中更重要的人。你像是被時代遺忘、被朋友遺留，也被自己遺棄，你甚至開始不敢去相信，自己這輩子也能夠遇到一個適合自己的人。

住在你心裡的，三個陰影

「我們常常會覺得納悶，為什麼有些人條件不錯，卻一直單身？如果從客體關係的角度來看，你覺得她們心裡發生了什麼？」一次諮商的課堂當中，老師提出來問大家。台下坐滿一個個未來的心理師們，面面相覷，不發一語。終於，一個打扮中性的女孩說話了。

1 心底的壞人

「在實務現場上我們常發現，有些女孩會反覆找尋對她不好的人，然後在許多段『壞人關係中』滯留、舔舐自己的傷口。**或許，那些重複過去創傷的人，其實只是在哀悼她們小時候沒有被好好對待的過程，有些時候，壞人其實就住在她們心裡。**」她說，氣氛裡藏有一些頓悟的感動。

2 怕自己不值得

「有些女孩之所以不願意進入一段關係，或許是因為怕自己『不值得』這麼好的人生。那些曾經被遺棄、被排拒的遭遇，使她無法相信人的善意，並試圖消滅、否定那些親近。」一個男同學說。這其實很類似「負性治療反應」（negative therapeutic reaction）①——明明已經和一段很好的感情靠近，卻因為想「維持」自己不值得的形象，阻抗那些即將進入、影響自己生命的人。

3 只看見別人的好

「或許，她們的心裡存在一種隱形的嫉妒。」坐我前面的同學說，老師繼續請他澄清是什麼樣的嫉妒。**「嫉妒其實是，只能看見別人擁有的，和自己匱乏的，一種情緒。」**他接著說。「這樣隱形的嫉妒，在她們心裡長出一種焦慮。有時候覺得有一點不公平，為什麼自己這麼努力，卻還是比不上身邊的朋友？為什麼自己明明要求得不多，可是這麼多個秋冬，卻還是只能一個人過？或許等到有一天，她們終於能夠看見自己的擁有，而不去羨慕別人的所有，生命的匱乏才能夠長出一朵花。」

投射性認同

「當你恨一個人，你恨的是在他身上看見的、屬於自己的某個部分。那些不屬於我們的東西，不會困擾我們。」——赫曼‧赫塞（Hermann Hesse）

「或許還有一種可能是，**那些總是不滿意自己身邊對象的人，其實真正不滿意的，是自己**。她們將一部分壞的自我，投射到別人身上，藉由挑剔、怨恨那個不好的自己，來和這個世界建立一些連結和控制。」在討論的最後，一個女孩默默地舉手。其實，這就是克萊恩學派（Melanie Klein Trust）中著名的觀點——投射性認同（projective identification）——把不好的、不能接受的自己，排除在外，並且投射在別人身上。

你要找的人，其實就在心裡

這也是為什麼，你總是遇不到對的人。因為你在別人身上看見的，其實是「不太滿意的你自己」。那個有點自私，又過於焦慮的自己、那個太過在意別人的看法，卻又不甘被擺布的自己；那個總是告訴自己要堅強，但偶爾還是會覺得寂寞的自己。**你嘗試把自己討厭的部分給「丟」出去，丟到那些曾經靠近你的對象身上，試圖透過挑剔他們這些缺點，來消解自己對自己的討厭**。

可是，正因為這終究還是你自己的一部分，所以你總是召喚到這樣「不夠好的對象」，即便你表面上在嫌棄，實際上仍然是在跟那個內在討厭的自己，建立連結。

一直以來，你的方向都錯了。你嘗試從不同段的人際關係，找到自己可以放置心靈的地方；你帶著一點點的害怕和不勇敢，去摸索和試探，想知道究竟這個人能不能夠陪你走到永恆，可是過去曾經被拒絕、否定的經歷，讓你很難去相信愛情和你一樣是值得的。也因為這樣，你總是反覆受傷、反覆失望。

看見自己在關係裡面的投射性認同，其實是安頓感情的核心步驟。當你終於能夠去涵容內在那個「有好，也有不好」的自己，你也更能夠去包容出現在身邊的各種人際關係。而當你逐步去修復內心的撕裂，去靠近那些你所曾經以為的不可觸及，那些柔軟的自我善待，也讓你更有能量在關係中、好好彼此對待。

【註解】

①——「負性治療反應」（negative therapeutic reaction）是一種治療期間產生的負向反應，發生在患者治療有效，病情即將好轉時，患者因無法忍受進步而出現惡化的狀況，最早由佛洛伊德（Sigmund Freud）提出。患者為什麼要這樣做呢？從認知思考的角度看來，做這件事情是為了讓現況符合「我不夠好、我不值得變好」的自我概念。

一直以來你之所以無法
愛上一個對的人，是因為
歲月的更迭讓你忘了
自己有多麼值得。

我是不是很糟，才一直遇不到愛我的人？

——破解你的非理性思維

我們活在一個厭女的時代[1]，一個看似女性主義抬頭，但實際上卻仍然充滿許多不公平的時代。然而，**在這個時代裡面最大的困窘並不是其他人對你的不公平，而是你對自己的不公平。**

三個潛藏在你內心的非理性思維

受到一些社會期待的影響，我們有些時候會不知不覺地對自己形成一些非理性的想法[2]。例如：

1 「我一定要表現得溫柔，才能夠找到愛我的人。」

這裡的非理性信念（irrational beliefs）[3]是：「溫柔的人，才能夠吸引到好的人」，當然也可能隱藏著另外一個非理性信念：「世界上存在一個，真正愛我的人。」

破解——真的是這樣嗎？那些不溫柔的女人，「都」遇不到好對象嗎？女人真的可以單純的用溫柔、不溫柔劃分嗎？還是在不同的情境下會顯現出不同的樣貌？

每次我去演講的時候，都會引用人類學家海倫・費雪（Helen Fisher）的性格類型測驗（Helen Fisher's Personality Test）[4]，然後問大家在這個測驗裡面發現了什麼。這個測驗是她收集了來自世界各國、將近四萬人的資料，再把人分成四種性格類型：開拓者、建設者、領導者、協調者。

結果大部分的人都指出，無論東西方的文化，男生總是比較偏好跟「協調者」在一起（溫柔、敏感、容易觀察體貼其他人的情緒、容易感動，看到卡通主

海倫 · 費雪（Helen Fisher）的 4 種戀愛性格

1

思維細膩，想像力豐富，敏感，擅整合，能接受模糊不確定，社交能力強，常自省。

2

擅於冒險，喜歡挑戰與嘗試新的事物，不喜歡無聊的事情，熱情而且充滿活力。

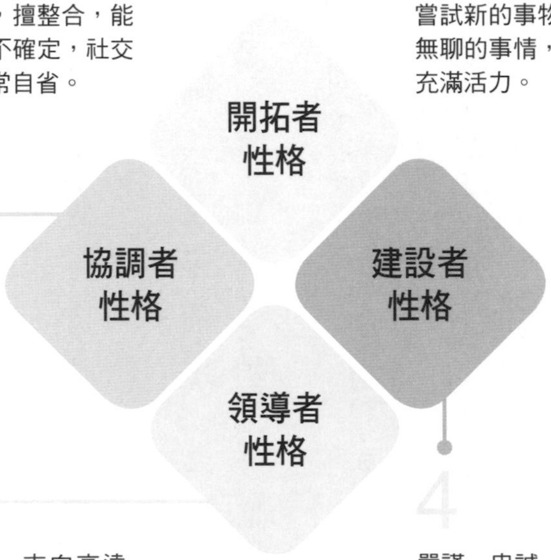

3

意志堅定、志向高遠，獨立好強，敢做敢當、邏輯清晰，並擅於分析。

4

嚴謹、忠誠、耐心，會按規矩，精確事物與預先規劃會讓他安心。

資料來源：Fisher, H. (2009). Why him? Why her?: Finding real love by understanding your personality type. Henry Holt and Company.

角受了苦，會和他一起掉眼淚等等），女生總是比較偏好「領導者」（善於支配、邏輯分析思考、討論、掌控局面等等有霸氣的男人）。

但這並不是事情的全貌。我們收集的華人資料當中，雖然同樣有上面的現象，但不論男女，最多人選擇的對象，是「建設者」（讓你感覺安穩、穩定、可靠、願意和你建立一個家庭和未來的人）。可見得這個社會某種程度上性別刻板印象雖然存在，但如果我們想要找一個和自己牽手一輩子的人，重要的並不是他是大男人還是大女人，而是他是否是一位能夠讓你感覺到「安心」的人。

2 「在男人面前不可以太有主見。」

有些女孩心中會有一種想法是：「在大家面前我不能顯得太自我中心，不然身邊的其他人會討厭我，而且也沒有男人會喜歡這種女人。」然後攜帶著這種壓抑的焦慮進入人際關係、聚餐、聯誼、甚至各種聚會。**結果真正讓你被討厭的並不是你太有主見，而是你表現出來的焦慮和不真誠讓人覺得你難以靠近。**

破解——這裡有兩個非理性信念——所有的男人都喜歡順從的女人、只要我表現得太有主見就會被討厭。

你可以嘗試挑戰看看自己的想法，例如，你真的想要扮演一個不論發生什麼事情，都很順從的「良家婦女」嗎？回想自己過去的工作、社團、甚至帶營隊的經驗，有沒有什麼時候，你說出自己內心真正的想法，反而被接納了？或者，有時候你假裝尊重別人，但是心裡還是很委屈，最後被看穿之後反而還被責罵說：如果這麼在意，當初為什麼不早一點說出來？

3「有工作固然好，但有愛人更重要。」

許多女孩心中默默的藏著這個想法，嘴巴上雖然說感情不重要，但是看到別人有閃光可以牽的時候，還是心裡一陣酸，然後很快地陷入自我價值的思考：**我是不是一個很糟糕的人，所以才遇不到愛我的人？**

破解——你的自動化思考（automatic thoughts）太快了。不過滿多的時候，這樣的自動化思考不全然是你的錯，而和你過去的一些經歷有關。你可以嘗試問自己幾個問題——我的家庭裡面，有沒有什麼規則或是信念影響我至今？我從什麼時候開始有「我是不是一個很糟糕的人」的想法？如果真的找不到一個愛你的人，最慘的情形會怎麼樣？我是不是把過去不被愛的經驗用某種形式保存下來（討好、追求完美等等），表面上看起來是想找一個愛自己的男人，實際上是想要有個愛自己的媽媽[5]？

有多少種女人，就有多少種幸福

或許我們的社會、男人們的期許營造出某種氛圍，讓我們不知不覺地相信，似乎「某一種女人」廣泛地受到歡迎，或者能夠得到最多的幸福。

但真正的事實是：**愛人之前，你記得愛自己嗎？**

【延伸閱讀】

1——上野千鶴子（2015）。厭女：日本的女性嫌惡（女ぎらい：ニッポンのミソジニー）（楊士堤譯）。台北：聯合文學。

2——Wolfe, J. L., & Naimark, H. (1991). Psychological messages and social context. In Using rational-emotive therapy effectively (p. 265-301). Springer, Boston, MA.

3——Ellis, A. (1977). The basic clinical theory of rational-emotive therapy. Handbook of rational-emotive therapy, 1, 3-34.

4——Fisher, H. (2009). Why him? Why her?: Finding real love by understanding your personality type. Henry Holt and Company.

5——岡田尊司（2014）。母親這種病（母という病）（張婷婷譯）。台北：時報出版。

有多少種人就有多少種
獨一無二的幸福，你的
那一份只是有點遲到。

為何他寧願曖昧，就是不願意「在一起」？

——沒有開始，也還是會失去

他說他還沒有準備好交女朋友。可是為什麼假日還是約你出去、在你生病的時候帶你去買藥，甚至連你的生理期都記得？

他說他只是你的超級好朋友。你取笑他說，大仁哥在現實世界裡是很難存活的，然後兩人打鬧了一陣之後，竟是長長的寂靜。

你也知道這樣的關係，超出了朋友的距離與界線，但為什麼就是無法停下來，反而越陷越深？

為什麼曖昧成這樣，還不在一起？

明明知道這樣的關係不能長久下去，為什麼還是一天拖過一天？明明知道對方不是自己適合的對象，但怎麼還受吸引而不甘放手？有時抗拒承諾（resist to make commitment），只是怕失去現有的、怕受到傷害。從心理學行為主義的觀點，人是趨樂避苦的動物，會持續一項行為只有兩個理由：

1 持續進行這件事會**讓你獲得快樂**。

2 持續進行這件事會**避免可能的痛苦**。

曖昧，並且不給彼此承諾，好處是可以獲得情人般的浪漫快樂，又可以保有一些自由，更重要的是，可以避免日後被拋棄的痛苦感受，反正「不要有開始，就不會有結束」。所以當你下次再問姊妹「他沒有要跟我在一起，但是他卻還是……，你覺得他是什麼意思？」的時候，其實答案就很明顯了：**如果現在這樣，可以像情人一般相處、給予彼此關懷呵護，又可以不需要負責、自在地再和**

其他人曖昧，傻瓜才要定下來！

為什麼不願意定下來？主要是因為「在一起」之後，必須放棄其他「可能的關係」（alternative）[1]，並且承擔有一天可能會不再愛、失去彼此的風險。

心理學家亞瑟・阿倫（Arthur Aron）指出，在一起其實就是把自己的「一部分」和對方交疊的過程[2]——這也就是說，如果哪天對方離開，將帶來情緒上強烈的震撼。

畢竟這麼長時間，你們都出雙入對，買東西的時候也會想到彼此，突然要變回一個人的生活，其實，很傷。

也因為這樣，有些人在傷過之後，就乾脆放棄再愛。這並不是說他們不再找伴，而是用多段「曖昧」代替一段「穩定關係」。因為他們以為，只要不「承諾」在一起，離開時的傷害就不會延續。

只是這樣的想法是錯的。根據亞瑟・阿倫的理論，只要曾經相依、曾經安慰、曾經互相分享彼此的體溫與浪漫，那些曾經的交疊就會成為記憶裡的一部分，所有的曖昧，在兩人分開之後還是會，深深淺淺地刺痛心扉。儘管，當初你們並沒有「在一起」。

超級好朋友，有時只是自欺欺人的藉口。有一天你會明白，就算不曾「開始」，也還是會失去；**或是說，當感情輸給自己的懦弱，失去，只是早晚的事情。如果伸縮都是要一刀，何不勇敢地試一回？**

【延伸閱讀】

1 —— Rusbult, C. E., Martz, J. M., & Agnew, C. R. (1998). The investment model scale: Measuring commitment level, satisfaction level, quality of alternatives, and investment size. Personal relationships, 5(4), 357-387.

2 —— Aron, A., Aron, E. N., & Smollan, D. (1992). Inclusion of other in the self scale and the structure of interpersonal closeness. Journal of personality and social psychology, 63(4), 596.

只要曾經心靈相依，
就會滲入記憶
即使不給承諾
分開時仍然會痛.

Chapter 2

愛在糾結不安時

為什麼
總是愛得那麼苦？

跟他在一起時，你是越來越喜歡自己，
還是越來越討厭自己？
透過問自己這些問題，
或許你會發現，一直以來那個答案都很清晰，
只是你一直缺乏勇氣、做出決定而已。

當委屈感大過於愛，怎麼走下去？

——關係裡最重要的兩件事

最近接連發生很多事情，讓我開始回顧我這一段時間以來的人際關係和感情、朋友等等，本來一直想不透的事，直到去按摩之後突然有一個領悟（這個故事告訴我們，如果你能夠對自己的身體好一點，身體會告訴你一些一直以來被你忽略的答案），就是關於愛情最重要的兩件事。

關係裡面的兩個要點

我發現愛情裡面的兩個要點不外乎：

1 **你愛不愛他？**

2 **你委不委屈？**

就這麼簡單，如果你對他的愛可以cover你所承受的委屈，多過你們之間的衝突和差異，如果你願意替他犧牲一些事情，因為**你知道那個愛大過於你付出的東西，整體上來說你在這段關係裡面是滿意的**[1]，儘管你們經常爭吵、諸多不合，但由於他能給你的從別人那裡無法獲得，所以你甘願為他做出這一切，因為在這樣的關係裡面，你可以看見快樂的自己。

相反地，如果你針對第一個問題的回答是像這樣：「我愛他，但是……」，那麼要不就你那個愛是**有條件的**，要不就代表**其實你並沒有那麼愛他**，只是因為基於過往的習慣或者是放不下，所以為了避免自己認知失調[2]，才說這樣的話。想一想，在這段關係當中，大多的時候你是充滿不安、擔憂、痛苦、委屈，還是其實很多的時候你是快樂、自在、可以很安心的做你自己？

其實不只是指涉伴侶關係。上面的這個「他」，指涉的可以是伴侶、朋

友、可以是一段工作關係、同事和夥伴、可以是你的家庭和課業，也可以是你現在正在做的「事情」：你愛你現在在做的事情嗎？你有沒有覺得自己被委屈了？

兩個閉上眼睛的練習

讓我們來看看前面這兩點分別代表什麼意思。在心理學上，「愛」可以預測關係滿意度，也就是說如果你越愛對方，你就越滿意這種關係，你可能聽過很多文章說過它包含親密、激情跟承諾[3]，可是你知道嗎，有件事情比這一切更重要——就是前面所說的，**閉上眼睛想一想，你喜不喜歡和他在一起的時候的你自己？**那個時候的你，是充滿歡樂、有創造力、自在安全而且不需要擔心的，還是經常疑神疑鬼，怕東怕西，甚至想起他就是一種壓力？

接著，「委屈」這件事情意謂「在這段關係裡面，你是不是犧牲了某一部分的自己？而且這個犧牲並不是你自己想要的」。研究顯示，如果是這樣的話，你大概會在這樣的關係裡面經歷許多憂鬱的負面情緒[4]。但比起前面這些，還有一個其實只要捫心自問，很容易就可以了解的東西——就是你可以閉上眼睛問問自己：**你跟他在一起的這段時間，你最近是變得越來越喜歡自己、呈現出更多不同的自我面向（self-expansion），還是變得越來越討厭自己、自己的力量和聲音越來越小了**[5]？如果是好的改變，這個改變本身又是否能從其他關係或活動中來取代[6]？

透過問自己上面這些問題，或許你就會發現，一直以來那個答案都很清晰，只是你一直缺乏勇氣、做出決定而已。

愛情，其實就是「在，意」兩個字

多年前我參加一個聚會，剛好聊到一件事情讓我印象深刻。其中一個朋友A提到，她一直很在意她的伴侶，可是她的伴侶好像並沒有「回報」同等的在意，她覺得很不公平。另外一個朋友B回覆她一段非常有哲理的話，他說感情說穿了不過就是「在，意」兩個字而已。我一開始以為他是在講幹話，還好他後來有解釋，他說，如果你要判斷這個人是不是值得繼續在一起，你只需要思考下面兩件事情：

- 在這段關係裡，你覺得自「在」嗎？
- 跟他在一起的這段時間，你有沒有覺得活得有「意」義？

要達到「自在」，也就是指對方要能夠對你做到無條件正向的關懷，他能夠接納你的好與不好，接納你表現出真誠的自己（甚至接納你不表現出真誠的自己）；而如果要達到第二件事情，某種程度上就是「米開朗基羅效應」所說的[7]，每天每天，你都能夠感覺到自己變成更好的人，你喜歡你們的相處和討論，即使是衝突和爭吵，你也發現了一些你沒有看見的缺點，而且那些修改，也的確讓你進步。

回首這篇文章，一共提了六個觀點，看起來有點不同又有些重疊，但其實都是一樣的，**就是你有沒有面對自己內心真誠的感覺**。當別人問你說，你為什麼**還想**跟他在一起的時候，**其實自己內心冒出的第一個聲音往往是最真實的**，它可能代表你的恐懼、你的放不下、你在這段感情裡面最多的掙扎等等。如果你還無法做出決定也沒關係，你可以練習像是守住一個火焰一樣，好好的珍惜這個體會，因為有一天，它將會在你心中慢慢萌芽，在你需要的時候，為你說話。

【延伸閱讀】

1 —— Hendrick, S. S. (1988). A generic measure of relationship satisfaction. Journal of Marriage and the Family, 93-98.

2 —— Festinger, L. (1957). A theory of cognitive dissonance (Vol. 2). Stanford university press.

3 —— Sternberg, R. J. (1986). A triangular theory of love. Psychological review, 93(2), 119.

4 —— Whitton, S. W., Stanley, S. M., & Markman, H. J. (2007). If I help my partner, will it hurt me? Perceptions of sacrifice in romantic relationships. Journal of Social and Clinical Psychology, 26(1), 64-91.

5 —— Mattingly, B. A., Lewandowski Jr, G. W., & McINTYRE, K. P. (2014). “You make me a better/worse person”: A two dimensional model of relationship self change. Personal Relationships, 21(1), 176-190.

6 —— Mattingly, B. A., & Lewandowski, Jr, G. W. (2013). The power of one: Benefits of individual self-expansion. The Journal of Positive Psychology, 8(1), 12-22.

7 —— Drigotas, S. M., Rusbult, C. E., Wieselquist, J., & Whitton, S. W. (1999). Close partner as sculptor of the ideal self: Behavioral affirmation and the Michelangelo phenomenon. Journal of personality and social psychology, 77(2), 293.

如果你愛得又深又委屈
請留意你心底的哭泣
因為那往往代表著你
既真實又不願面對的聲音。

你是缺乏安全感的人嗎？

——十二個問題，了解你的依戀風格

「我真的很不喜歡這樣，但是又無法停止……我知道他工作在忙，但是就是無法克制地想打給他。他那天跟我說，我太黏了，這樣下去他會受不了，我跟他說我知道、我會改，但是每次一個人的時候還是會覺得很害怕、很孤單，最後還是不爭氣地拿起電話傳Line。後來有幾次，我們吵到幾乎要分手了，我說：『如果這就是我們的愛，不要也罷！』可是我一說出來就後悔了，我幾乎不敢相信我會說出這樣的話。我好像很爛，怎麼辦？」她說，手掌抱著臉頰，眼淚撲簌簌地流下。青島東路的夜，燈光昏暗著，大家都不敢睡。我聽著她的故事，熟悉卻又帶著酸辛。

前面這個故事熟悉嗎？如果你跟朋友分享這個故事，他大概會告訴你說，故事的主角應該是一個缺乏安全感的人，就是因為沒有安全感，所以在感情當中常常會有許多擔心而且害怕自己不會被愛。這個解釋聽起來很有道理，但如果真的要討論有關於安全感的主題，可能我們還是得談一下經典的成人依戀風格（Adult attachment style）。

四種不同的依戀風格

心理學家辛蒂・哈贊（Cindy Hazan）與菲利浦・夏弗（Phillip Shaver）在一九八七年提出了成人依戀理論（Adult Attachment Theory），用一句話簡單的說就是：小時候你和父母親（或者是主要照顧你的人）相處的依戀關係，會影響到你成人之後與伴侶的相處和感情。如果在小時候你沒有得到足夠的安全感，那麼很有可能在長大之後，你會試圖從自己的伴侶身上去「抓回」那些你所匱乏的安全感，或者是用某一種防衛的方式，讓自己在關係當中不會因為別人的拋下或離開而受傷。

由於市面上有很多相關的書籍有更明確的說明這個理論，所以在這邊我會簡單帶過四種類型的介紹（如果你想要進一步了解，可以參考這個章節最後面的延伸閱讀）：

1 安全依戀型（Secure attachment）

這類型的人普遍在人際關係和感情當中覺得安全，同時也能夠提供身邊的人足夠的安全感。一般來說，和安全依戀者在一起會有比較高的滿意度，身心狀態也會比較健康，他們往往能夠提供伴侶即時、穩定的回饋，讓伴侶有被了解跟被懂的感覺。然而這並不意謂這些人永遠都不會感覺到「不安」，他們也是會有脆弱難過甚至是需要依靠的時候。

2 焦慮依戀型（Anxious or Preoccupied attachment）

這種類型的人經常會覺得不安，在感情當中容易擔心被伴侶拋棄，一個人的時候會有寂寞跟孤獨的感覺，經常會覺得自己不夠好配不上伴侶，很害怕有一天伴侶會離開自己，所以會傾向於「抓緊」自己的伴侶，可能透過不斷的打電話或傳訊息等方式，維繫和伴侶之間的連結感，試圖減少不確定性。

3 逃避依戀型（Avoidant or Fearful attachment）

這種類型的人最在意的是跟信任和依靠有關的議題。可能在過往的經驗當中讓他們學會，如果太過依靠一個人可能會受傷，如果太信賴一個人終究會被背叛，為了避免過度倚賴最後換來的失望，那麼不如在一開始的時候就只靠自己，不要太過於依賴伴侶依賴關係。所以這種人傾向覺得自己比較好，覺得別人比較情緒化或者太黏，也習慣和其他人保持距離，以避免自己受到傷害。

4 矛盾依戀型（Anxious-Avoidant or Dismissing attachment）

這是前面兩種風格的混合類型，這類型的人一方面會害怕自己不夠好，擔心伴侶會把自己丟掉；但一方面又難以信任別人，覺得如果把自己的心交出去，很可能會因此而受傷。所以活在一種矛盾的狀態裡，當對方靠近的時候自己會很犯賤的逃跑，而當對方不理自己的時候，自己又會很想要去抓著對方。

講解完四個類型之後，我還有三點要補充一下，以避免大家在後續的章節當中看了覺得頭昏眼花。

第一件事情是，**依戀風格並不是固定不變的**，它比較像是一種氣質或者是個性，隨著你越長越大，遇到了不同的事情，愛上了不同的人，曾經被背叛或是被劈腿，有過各種感情創傷，甚至是接受心理治療等等，都可能讓你的依戀風格有所改變。

第二件事情是，**你在不同的人面前呈現出來的依戀風格也會不一樣**。比方說跟甲在一起的時候你看起來比較像是焦慮依戀，但你跟乙在一起的時候比較像是逃避依戀。在這個例子裡面，不論你跟甲或者是乙在一起，你心中都有一些恐懼或者是不安，這個「不安」或許就是你個性上面的一個基本特質，使得你相較於安全依戀的人，更傾向於「不安全依戀」。

第三件事情是，**依戀風格其實是一個連續的測量**，意思是說同樣是焦慮依戀，某些人仍然可能比另外一些人更焦慮（同樣的逃避依戀也是）。這個部分有點不容易說明，你可以想像「焦慮」跟「逃避」是一個二維座標軸上面的兩軸，每一個人在這個座標軸上面都會有「焦慮依戀」跟「逃避依戀」的得分程度，再根據兩個項目的得分來去判定他屬於哪一種依戀風格的人（如下圖，可以搭配後面的測量一起理解）。

四種依戀風格的特質

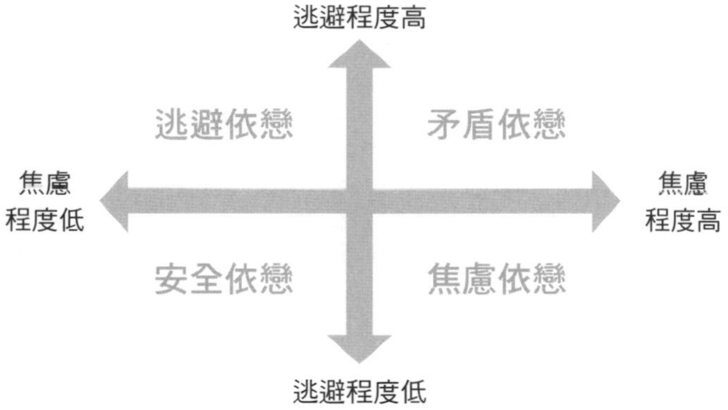

依戀風格的測量

說了這麼多，那要怎麼知道自己是哪種類型的人？最近偶然翻到了一個不算新的研究[1]，研究者整理並且回顧了一些相關資料，透過不同的考驗和架構，把冗長的問卷縮減成十二題，讓你「又快又整齊」地可以獲得你自己在感情裡面的依戀風格。話不多說，我們現在就來做這個測量吧！

請想一個你的感情對象（可以是曖昧、戀愛、或你想了解你跟他關係的對象）；或者根據你在感情中常表現出來的樣子，思考該描述與你的符合程度，做出最好的選擇（一～七，一代表非常不像我，七代表非常像我，四代表中性的選擇）。下面句子中的「他」，就代表你想像的那個人，或一般來說，你在感情關係中的對象（你可能需要拿一張紙，或者開啟手機記事本寫下你每一題的題號跟分數）。

檢測你的依戀風格

Wei, Russell 與 Mallinckrodt（2007）的短版ECR-12題目	非常不像我⟷非常像我（1⟷7）
1. 當我有需要時，我可以尋求他的協助。	1 2 3 4 5 6 7
2. 我需要常常向他尋求「被愛」的保證。	1 2 3 4 5 6 7
3. 我想靠近他，但我一直退縮。	1 2 3 4 5 6 7
4. 我發現他不想要跟我有那種「我想要的親近感」。	1 2 3 4 5 6 7
5. 我向他尋求許多幫助，包括安撫和支持。	1 2 3 4 5 6 7
6. 我渴望與他非常親近，這樣的我有時使他害怕。	1 2 3 4 5 6 7
7. 我盡量避免靠他太近。	1 2 3 4 5 6 7
8. 我經常擔心被拋棄*。	1 2 3 4 5 6 7
9. 我通常會與他討論我的問題和疑慮。	1 2 3 4 5 6 7
10. 如果我需要他但他不在我身邊時，我會感到沮喪。	1 2 3 4 5 6 7
11.當他離我太近時，我會感到緊張。	1 2 3 4 5 6 7
12. 我擔心他不會像「我在乎他」般，那樣在乎我。	1 2 3 4 5 6 7

＊此題原量表是反向計分，考量了用語通順與過去文獻等狀況（焦慮比逃避依戀更容易被測量到），在這裡我用正向題來描述並計分。若需原始計分方式，可參考原論文[1]。

計分方式

依照下面的方式，你也可以像心理學家一樣輕鬆的計分（強烈建議拿紙筆，高手的話也可以用Excel或手機計算機）：

1 焦慮依戀總分

把無底色的六個題目（二、四、六、八、十、十二）加起來，這分數就是你的焦慮依戀總分，如果你沒有算錯的話，分數會介於六～四十二分之間。

2 逃避依戀總分

有底色的題目是測你逃避依戀的分數，計算方式有點小迂迴，步驟如下：

①把三、七、十一的分數加起來。

②二十四分減去一、五、九的分數總和。

③將①與②的分數加起來，就是你的逃避依戀總分（分數一樣會介於六～四十二分之間）。

風格分析

由於中位數是二十四分（每一題都選擇四的話）、所以大於二十四分表示你那個傾向比較高分（如果大於三十六分，那就表示你那個傾向還滿「嚴重」的）。這意思是說：

如果你的焦慮依戀大於二十四分：你偏向焦慮依戀，你在這段感情當中，經常害怕被拋棄、常常需要尋求對方「愛你的保證」（Excessive Reassurance Seeking，ERS）[2]，典型的症狀包括：你經常懷疑，那些說在乎你的人，其實並沒有那麼真心。你有很強烈的不安感，很怕自己會被拋棄，然後又害怕自己這個樣子會讓對方覺得你很沒安全感。優點是你對很多事敏感，經常可以未雨綢繆。

如果你的逃避依戀大於二十四分：你偏向逃避依戀，在這段感情當中，很害怕對方太靠近你，你傾向保留許多自己的祕密，也覺得他不可信任、或是認為感情不可信任，所有的關係有一天都會結束，還是靠自己就好。優點是你可以獨立靠自己完成許多事情。

如果你兩個分數都大於二十四分：你偏向焦慮跟逃避的混合（矛盾依戀），而比較高的那個，則是你比較主要的類型，你上面兩個狀況都有，屬於「高等怪物」，雖然擁有上面兩者的特色（感覺很慘），但同樣的，你也可能同時具有兩者的優點技能。

如果你兩個分數都低於二十四分：你偏向安全依戀，你跟對方在一起會讓對方覺得很有安全感，你不會擔心對方隨時會跑掉、也放心把自己交給對方，而不會心懷恐懼。缺點是有些時候會忽略風險，沒考慮到人性的黑暗面。

根據這一筆研究，相較於安全依戀的人，焦慮依戀的人情緒反應度比較強烈、渴望與對方靠近，逃避依戀的人比較不敢分享心裡的事、害怕親密；而只要你是不安全依戀的人，同樣都會有一些心理困擾、感到焦慮、憂鬱、孤單[1]。

每一種人都有他的特色，而且事實上或許你換了不同的感情關係、想像的對象不一樣，你也可能會出現不同的風格，展現出不同的自己。因此，如果你想的那個人讓你極度不安，那麼從今天起，你可以嘗試把聚光燈打向那個「讓你覺得安穩」的人，多點心思在他的身上。（想想看你拿誰來做這份測驗，會比較容易得到安全依戀的分類？）而如果這個類別是你「一直以來的常態」，從小時候開始，甚至跨越好多段不同的感情都是如此，我的想法是：

對於焦慮依戀者來說：在你的人際關係當中，找一個能夠好好珍惜你的人，能夠把你放在手心的關係。如果沒有，不如練習把自己放在自己的手心。

對於逃避依戀者來說：從你的人際關係當中，找一個相對來說讓你感到信任的人，就算你只能告訴他一點點事情那也沒關係。

若你是矛盾依戀（上面兩種的混合）：這不一定是「病入膏肓」，這樣的你幾年下來，也找出了自己的生存之道。但若你感受到強烈的焦慮與憂鬱，實在不想要再這樣下去了，那麼尋求諮商或者治療師的協助也是一種考量。

安全依戀的人：你含著金湯匙出生，就不用再要求太多了。

最後我想說，這個分類並不代表命運。每一個人都是特別的，這也意謂不管你多麼的不安，都仍然值得被愛。不因為你緊緊抓住某個人、或是無法信任別人，也不因為你做了什麼或不做什麼，而是**你的存在本身，就值得被愛**。

【延伸閱讀】

1 —— Wei, M., Russell, D. W., Mallinckrodt, B., & Vogel, D. L. (2007). The Experiences in Close Relationship Scale (ECR)-short form: Reliability, validity, and factor structure. Journal of personality assessment, 88(2), 187-204.

2 —— Metalsky, G. I. (2001). Excessive reassurance seeking: delineating a risk factor involved in the development of depressive symptoms. Psychological Science, 12(5), 371-378. doi: 10.1111/1467-9280.00369

3 —— 如果你對於這個理論有興趣，這裡推薦你以下系列書單：

○ 皮特・羅文海姆（Peter Lovenheim）（2019）。依戀效應：為什麼我們總在愛中受傷，在人際關係中受挫？（The Attachment Effect: Exploring the Powerful Ways Our Earliest Bond Shapes Our Relationships and Lives）（廖綉玉譯）。台北：三采。

○ 阿米爾・樂維（Amir Levine）與瑞秋・赫勒（Rachel Heller）（2018）。依附：辨識出自己的依附風格，了解自己需要的是什麼，與他人建立更美好的關係（Attached: The New Science of Adult Attachment and How It Can Help You Find—and Keep—Love）（蔡欣芝譯）。台北：遠流。

○ 史丹・塔特金（Stan Tatkin）（2018）。大腦依戀障礙：為何我們總是用錯的方法，愛著對的人？（Wired for Love: How Understanding Your Partner's Brain and Attachment Style Can Help You Defuse Conflict and Build a Secure Relationship）（童貴珊譯）。台北：橡實文化。

害怕自己不被愛的時候
先嘗試練習靜下來,
有些安心會自己明朗起來。

焦慮依戀者也能走出不安，好好愛？

——五種因應策略

讀了前一篇文章之後，聽起來好像安全依戀的人比較幸福啊！那麼，要怎麼變成一個安全依戀的人？每當有人問我這個問題，我常常是把手一攤，因為滿多學者主張依戀風格可以隨著伴侶而有些變動，這也意謂：如果你想變成安全依戀的人，最簡單的方法就是找一個安全的人，然後跟他在一起。但前提是，要有人願意跟這樣的你在一起，而且還不會被嚇跑。

另一個方法是，觀察身邊安全依戀的人，並向他們學習。或許你會說：「我當然知道啊！但是我的原罪太深，根本學不太起來啊……每次我想說不要想那麼多、不要嫉妒、不要懷疑他，但就是沒辦法……」

的確，要化解心中的不安並不是那麼容易的事情。實際上，當你跟一個人在一起之後，你會發現由於他也有他的依戀風格，如果兩個人都是不安全依戀，如何相處與磨合就是更不容易的事情了。

依戀配對的弔詭

前面有談到，一般來說，安全依戀者占大多數（大約百分之六十左右），而逃避依戀者則是少數（大約百分之二十或更少），所以理論上來說，如果你隨便跟路邊一個人在一起的話，他應該比較可能是安全依戀者。但實際上的情況是，焦慮依戀者常常跟逃避依戀者在一起。為什麼會這樣呢？

一般來說，焦慮依戀再配上逃避依戀根本是災難，但弔詭的是這兩種人經常在一起。為什麼焦慮的人不去跟安全的人在一起呢？以前我總覺得很奇怪，如果焦慮和逃避的人個性如此迥異，當初為何會在一起？後來我發現，所謂的「焦逃配」之所以能配成一對，可能來自於下面兩個原因：

1 在剛開始戀愛的時候，兩個人都不會表現出自己真實的樣子

俗話說人要衣裝，佛要金裝，談戀愛要偽裝（好吧這句是我說的），缺乏安全感的人，在還沒有確定對方就是能跟自己穩定在一起時，往往會表現出「大家覺得適宜」的樣子，焦慮的一方會給對方多一點空間，逃避的一方會表現出溫柔體貼和傾聽。

2 兩個人都從對方身上看到自己一直以來所渴望的那一塊

雖然兩人非常不同，但卻有非常崇拜對方的部分。對焦慮依戀的人來說，他心裡想的可能是「他怎麼可以這麼獨立有條理、邏輯這麼清楚、做事這麼勤快？各方面都很有魅力，都不會受到情緒影響……」對逃避依戀的人來說，他們其實默默羨慕著對方「怎麼可以有人這麼勇敢地把全部的愛都給出來，難道不怕受傷嗎？難道不怕被對方吞噬嗎？」

簡單地說，逃避的人在焦慮的人身上看到了一種「奮不顧身的依賴」，焦

慮的人在逃避的人身上看見了「滴水不漏的獨立」，在彼此身上都看到了某種勇敢，所以互相吸引，互相分不開。

如果能夠這樣一直下去就好了。但當兩個人的感情繼續發展時，就會表現出「真實的一面」，於是，兩個人都會出現下面這樣的心情：

逃避依戀者：我需要更多的空間，我需要休息，一開始你沒有那麼黏，為什麼現在變了？我覺得兩個人在一起，就是像朋友一樣可以各自做自己的事，不需要二十四小時都一直想著對方……而且我已經給你很多時間了，為什麼還是覺得不夠？

焦慮依戀者：你一開始不是這樣的，剛在一起的時候你會關心我、體貼我、照顧我，認真聽我說話，可是為什麼一切都變了？我覺得我的要求不過分，已經給你足夠的空間了，兩三天都不聯絡，你到底還愛不愛我？

這個時候才是考驗的開始，也就是所有感情都會遇到的「權力爭奪期」。

焦慮依戀者渴望找回當初有很多照顧和聆聽的關係，逃避依戀者渴望對方能像一開始一樣給自己多一點空間，因為兩個人都沒辦法讓對方用「自己想要的方式」來愛自己，最後終於形成「一個追逐，一個逃跑」的關係。

除此之外，由於依戀風格是一個連續的測量，就算你們兩個人都是安全依戀的人，但相對起來還是有可能有一個人比較逃避，另一個人比較焦慮（如下圖）。在這樣的情況下，同樣也會面臨前面談到的焦慮跟逃避配對的議題。

當然，如同前面所說，依戀風格也會隨著你跟不同的對象、關係的不

安全依戀者也會受對象風格影響改變

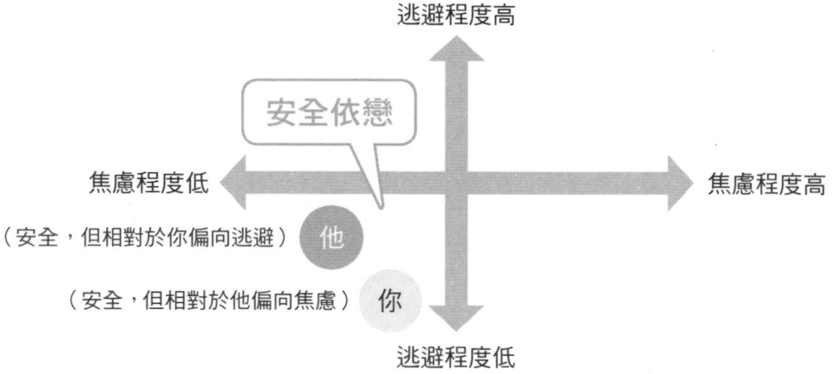

同階段而有所改變，所以或許一開始你們都是很有安全感的人，只是到了最後他的冷淡和疏離，勾起了你「害怕不被愛」的焦慮。這也意謂，你的狀態不會一直如此，而會隨著時間有所變動。或許你只是在這段感情中被他勾起焦慮，而不會「一直焦慮下去」。當你遇見讓你感到安穩的人時，內在的安穩也會被啟動。

如果「停下來」對現在的你來說很不容易，那麼或許你可以先嘗試的是「靜下來」。靜靜的思考這些日子你在追逐的是什麼？或許你會發現，一直以來你愛的並不是他真實的模樣，而是你腦海當中的想像。

已經有另一半的人的因應策略

那麼，如果你是焦慮依戀的人，要如何讓關係中的彼此都舒服呢？

- 承認並接受自己對真實關係的需要。承認自己需要陪伴，而且怕孤單。
- 讓你的伴侶知道你在關係中很需要安全感。告訴伴侶：「我真的很需要安全感，尤其是你不理我或是沒聽到我說話時，我會很緊張。」

- 學會早一步辨認怎樣的人是逃避依戀者。常見的徵兆是：防衛、對關係不信任、無法給予承諾、害怕親密、不想說自己的事。
- 學會用有效的方式溝通，而不是「抗議式」的溝通（例如瘋狂打電話、瘋狂嫉妒吃醋）。
- 窗外還有藍天，學會了解還有很多其他的人、其他可能的對象，沒有必要談個戀愛就把自己綁死在一個人身上。

上面這些方法其實都是認清楚自己的需求，並且嘗試在關係當中進行溝通，然後在不能溝通或者是溝通無效的時候，選擇讓自己覺得舒服自在的方式，藉以減少焦慮的侵襲。對於焦慮依戀者來說，最難以接受的並不是對方不愛自己，而是那種「不確定的感覺」。所以可以透過溝通的方式，降低在相處的時候出現這種感覺的頻率，例如和對方安排好一些「暗語」（當我說「呼呼」的時候，請摸摸我的頭），讓伴侶知道這時候要做些什麼事情才能夠讓狀況好轉，或者至少不會太糟糕，先從「減低焦慮對於關係的傷害」開始，然後慢慢找回相處恩愛的步調。

已經有另一半，而且他剛好是逃避依戀者

另一方面，如果你剛好是焦慮依戀者，而且你剛好愛上的是逃避依戀的伴侶（就是前面所說的焦慮跟逃避的組合），那麼你還能夠做些什麼事呢？

倘若他能盡力地維繫你對親密感的需求當然很好，但如果不行，就得**調整你的期待**，**減低你對親密感的需求**。例如，你可以增加對他回訊息時間的容忍度、減少每週相處見面次數的預期、不去期待他睡前一定會打給你、多花一點時間在自己身上，而不要想他會替你做一些什麼、關心你一些什麼。

但這通常很難（根本神難）。所以，你可以選擇**放手**。一種放手方式是，放棄你覺得「一定要有一段完美關係」的夢想，另一種是放棄他，乾脆找一段新的關係。當然這些都是片面處理的方式，一個人奮鬥總是比較難，比較建議的還

是尋求**諮商的管道**。

「老實說，我害怕孤獨也害怕被辜負。每次我打給他、他沒有接的時候，我就會咬指甲。結果一年多下來，我的指甲都長不長，坑坑巴巴的。還好，他後來都會回打給我，跟我說剛剛他在忙……我其實很清楚他的工作是很難中斷的，可是還是常常忍不住……有時候想想，還好有他在，不然我可能會更不安。幾段感情下來，我學到一件很老哏、但也很真實的事情，就是珍惜你身邊的人。很多你以為的『以後』，其實不見得真的有以後……」其實就算是焦慮與逃避依戀的配對關係，在事過境遷之後，兩人不一定能夠一直在一起，卻多多少少能夠在這段感情裡，學到一些成長，看見對方為自己做了哪些事情。

所以，**親愛的焦慮依戀者，你不需要再責怪自己，因為你已經做得夠多了，他的不回應，恰恰只是說明這段關係已經不同於當初而已。告別與放下是一條漫長的路，但我相信你有勇氣，找回那個遺失，卻又純真美好的自己**。

就算還無法變得安全也沒關係
先從接納自己開始，
慢慢地喜歡自己。

他是逃避依戀，還是沒那麼愛你？

——三件事辨識他的逃避依戀

「怎麼知道他是逃避依戀，還是他根本就不愛我？」在許多不同的講座當中，都有人曾經問過這個問題，值得花篇文章來好好說明——不過，在我說明之前，請你先思考一個問題：**你是不是透過把他歸類為逃避依戀，終於可以否認或者是忽視，其實他沒有那麼愛你的事實？**

逃避依戀的感情關係

逃避依戀的典型特徵，是不喜歡太親密、不願意說出心裡的話、看起來好像比較冷漠疏離、當伴侶靠近他的時候，他會有恐懼的感覺；相較於安全依戀，他們比較不容易相信別人、不相信其他人是可以依靠的，包含伴侶在內。所以如果可以的話，他們傾向自己解決問題、自己處理情緒、壓抑自己的感覺，不會和伴侶或朋友訴說。

但隨著交往的時間越來越長，有一些逃避依戀會慢慢地開始調整並且相信伴侶，就好像我們常常說的「打開心房」。不過，相較於其他人，他們可能還是不太習慣講太深入內心的話，這時候如果他們的伴侶要求他們再多分享一些自己的事情，他們就會感到威脅，並且退縮回自己的殼裡面。

另外一種情況是，當他們「好不容易」說出一些事情、表達一些感覺或情緒，伴侶並沒有好好的回應；甚至伴侶也有自己的情緒、自己的爆炸，那麼很有可能他們就學會了一件事情：「與其引起衝突，不如什麼都不要說。」沒錯，**逃避衝突是逃避依戀很典型的技能**——而且如果你和他相處的時候，經常爆氣，那麼可能會火上加油、他會越退越後。於是產生下面這樣的劇本迴圈：

他猶豫一件事情要不要講，但最後還是鼓起勇氣跟你說了他的感覺。

你聽了之後，有一種被拋棄的感覺、覺得他不再愛你了、很擔心、所以可能哭泣或生氣。

他覺得你這樣子就叫做情緒爆發、他不想跟你吵架，所以選擇避而不談。

你看他不講話、你更擔心他會不會離你而去、於是你的情緒起伏更大、逼他「有什麼感覺你就說出來啊！」

他最擔心的事情（衝突）果然發生了，所以他就會躲到龜殼的最裡面，乾脆不說了。

隨著時間，這衝突可能會被淡忘，但在這次的衝突當中，雙方都受傷了。你受傷的點是，為什麼他有事情不告訴你？他受傷的點是，只要我講出來就會被罵，那不如不要講！

從此之後，你們兩個都變成驚弓之鳥，他很怕你爆炸、你很怕他不說話，或是說話小心翼翼、拐彎抹角，看似就是有什麼東西藏在心裡。你們雖然在一起，但在內心深處的某一塊，已經變成了陌生人。

奇怪了，為什麼他會變成這樣子，你越靠近，他就越退縮呢？一開始並不是這樣子的啊！

逃避依戀是如何養成的

這個故事是這樣的，有一些（並不是全部）逃避依戀者從小在一個充滿衝突的家庭裡長大，需要不斷承接家裡面父母或者是長輩的情緒，久了之後，他被訓練出一種能力：「**金剛不壞的垃圾桶**」。這個意思是說，他可以把情緒隔離在外面，家人不論用什麼方式來侮辱、糟蹋、責罵他，他都可以充耳不聞。但實際上，那些情緒還是偷偷地被壓抑在心裡面，而且，他連同自己的情緒也一起埋葬進去——他開始不相信這世界上有一段穩定而不會有爭吵的關係（因為他就是在戰火底下長大的），開始躲在自己的閣樓裡、摀著耳朵不想要聽到外面的戰爭。

而當你有一些小爆炸的時候，對他來說就是那個可怕的戰爭又要發生了，所以他就用當年的本能，躲回自己的閣樓裡面。你越是敲門、他就越不想要開門，因為他很害怕，一開門又會受到情緒的轟炸。

其實，他們這個退縮的本能，也支持並且陪伴他經過那麼多烽火連天的歲月，你要做的並不是脫下他的保護殼，而是允許他繼續穿著保護殼，在旁邊靜靜的陪伴他，然後調整自己的情緒。**當你能夠控制自己爆炸的頻率**、**當你能夠不要太快就把他的拒絕當作是對你的拋棄，那麼他就有可能慢慢地，從閣樓裡面，探出頭來。請記得，一直逼迫是不會得到結果的，只有放鬆，兩個人才有機會重新牽手。**

如何區辨他是不愛我還是逃避依戀？

當然，如果你感覺到他對你最近越來越疏離，的確有可能是因為他不習慣讓別人走進他內心深處，他是個逃避依戀者。但可能有別的情形——就是他根本就不夠愛你。

許多人會寫信或者是在講座結束之後來問我，要如何把對方「變成安全依戀」，讓他不要再逃避？我的想法如下：

● 首先第一件事情是，**要改變依戀風格並不是一朝一夕**，而是透過互動來改變的。而且你在改變他的同時，他也可能改變你。

● 第二，只要是**把焦點聚集在對方身上的改變**，**都會容易變得患得患失**，他如果變得好一些，你就會開心一些，他如果又退縮，你又會開始難過，所以你要想的不是如何改變他，而是如何找回自己的安全感。

● 最後，你可以**衡量兩個人一開始互動的狀況**，**跟近期互動的狀況**，因為許多研究都發現，不安全依戀者在一開始的時候並不會顯現出他們的真面目（焦慮依戀也是），如果他跟你剛認識的時候就是比較不容易談到內心的事、比較會跟你保持距離的人，那現在依然如此，就有可能是逃避依戀；而如果他一開始跟你很親近、可是過了兩個月之後，就開始慢慢淡了，有可能就是戀愛中的大腦激素漸漸消失了，而不一定表示他是逃避依戀。

而且，事實上，你們也可能「彼此訓練」變成不安全依戀、甚至「把相愛，變成不愛」。

比方說，如果長期發生前一段所說的衝突循環，那麼很可能關係滿意度就會下降，也就是變成「他一方面不愛你、另一方面也同時是逃避依戀」的狀況。

像這個時候，你要處理的是增加兩個人的愛，而不是減少對方的逃避依戀——**不因為什麼，只因為你愛的是他、那個在感情當中害怕受傷又渴望被呵護的他，所以你們要調整的是你們的關係，而不是他的個性**（如果把逃避依戀當作是一種人格特徵來看待的話）。

遇到這樣的情況，我該怎麼辦？

前面已經談過，**要調整關係就是先覺察並且處理自己的情緒**，當自己可以感覺到安全的時候，對方也會因為你的安全，慢慢受到影響。可是，你可能還是會想問：那他到底是逃避依戀、還是他根本就不愛我？這篇文章給你的答案是，**有可能他是兩個其中一個、也可能是兩個之間的組合，沒有問他（或他不誠實告訴你），是不會知道的**。

我覺得比起這些，有一個更重要的事情是：**「你自己有沒有感覺被愛？」**不論他愛不愛你，你沒感覺到，都是枉然，如果你一直覺得最近他的疏離，讓你在這段關係當中不滿意，那麼你可能就要跟對方討論「你想要的被愛的形式」，同樣的，你也可以詢問他：「怎樣對你來說，這段關係比較輕鬆、自在？」

最後，檢視他所說的需求，和你想要的需求，是否能夠彼此吻合。舉例來說，倘若你總是喜歡天天見面，才能夠感到安全，但他認為，關係就是慢慢經營，有重要的事才互相聯繫，太常見面，他會覺得有壓力，那麼你需要思考的並不是「他這樣是不是代表不愛我？」，而是**這樣的關係，對你來說，是你想要的模式嗎？如果不是、又無法調整，那麼是什麼讓你繼續留在這段關係裡面？**

在感情當中，我們常常用「對方不愛我」來掩蓋「我已經不愛他」或者是「我已經感覺不到他的愛」的事實，然後把槍口指向對方，卻忘了覺察自己內心的受傷。

當你又開始不斷地思索他到底在做什麼的時候，請留一點點心力給自己，想想自己現在怎麼了、在哪裡、想要的是什麼、想去的地方是什麼。**當你把多一點點的關心，留給那個沒有好好被照顧到的自己，那麼不管他能不能給你想要的溫柔，你都能夠在不安的時候，陪伴自己走過。**

有時他並不是逃避依戀
只是他並沒有那麼愛你。

主動提出需求，等於對方不夠愛你？

——矛盾依戀者的兩步驟練習表達

我有一個矛盾依戀的朋友A，跟女朋友交往多年（她們是一對女同志伴侶），很多事情都放在心裡面。我曾經問她為什麼不直接說，她給我好多答案：

- 「如果直接開口她才答應我，那就表示她並不是真的愛我。」
- 「我很怕我講這麼直接會傷害到她。」
- 「我不喜歡吵架（但她們卻經常吵架）。」
- 「就算說了也沒用，她根本不會聽。」

舉例來說，有時候她們約下班後一起吃飯，對方剛好累了一天，很想要回家休息。這時候A就會很矛盾地說：「沒關係，如果你不想一起吃飯的話，就回家吧。我真的沒有關係！」

可能隔了幾個小時，甚至是幾天，對方開始感到罪惡、覺得A可能會生氣的時候，懷抱著種種的罪惡感和恐懼，「主動」聯絡A，A又會覺得「算了吧，你根本沒有心！」，然後拒絕對方的邀約。

更傲嬌的是，拒絕之後，才來找我哭訴，說她本來不想拒絕的，可是她停不下來。

「你很在乎她，但是又害怕說實話會傷害了她？」我跟她說。

結果她點頭如搗蒜，可是我還是不曉得該怎麼幫她比較好，只能跟她一起抱著頭苦惱。

就在我們一邊玩貓咪一邊聽她抱怨的時候，我突然腦袋當中出現了一道曙光（對，就像是名偵探柯南一樣），我問她一個問題：「對了，你說你很不喜歡吵架，可是你這樣做真的沒有吵架嗎？」結果她說：「並沒有……」她們反而常常因為「有話不直說」而吵架。

逃避只是飲鴆止渴

發現了嗎？有些時候我們會因為想要逃避某個核心的議題，選擇繞圈圈，甚至採用被動攻擊的方式，來讓對方知道我們的在乎。不可諱言的，這個方法一定有效才會被你保留下來變成常設的慣用技能。比如，對方可能因為你的一句反話、一句酸言酸語[1]，做了一些符合你期待的事情，例如：

- 跟你道歉。
- 補償你一些你想要的東西。
- 表現出好像很在乎你。

可是，這個「伎倆」卻有兩個巨大的困境：

1 你無法確認他的付出是因為恐懼，還是因為愛[2]。

2 你得重複用同樣的方式來「討愛」，對方也必須重複「受到精神的折磨」，而且，雖然你暫時獲得了你想要的東西，但事實上卻損害了關係，也讓你更討厭自己。

直說無妨

那該怎麼辦呢？我覺得有兩個步驟：

1 **直接表達你的感受**（而不是採用被動、講反話的方式）。

2 **允許對方自我決定**（而不是要求對方一定要做什麼）。

有些時候你以為直接表達會傷害到彼此，但如果你能夠「在有界限的情況下」表達，不一定會造成傷害。比方說，你可以告訴對方，你只是想要「告訴他你的感受」，他不一定需要改變他所做的事情（拒絕約會、回家休息、或者是在很忙碌的時候沒有接你的電話），你只是希望他能夠聆聽而已。

況且，你一直以來所害怕的那種衝突，並沒有因為你的忍耐而變少，反而因為你一再的壓抑，成為這段關係當中的烙印。

換句話說，面對關係當中的在意，直說無妨。因為你的坦誠，對方才知道他在你心中的重量。

有趣的是，當你給對方自主決定的空間，並且說說你的感覺，會獲得兩個效果：

- **可能會吵架**：不過因為你有表達你的感受，所以兩個人在這次吵架之後會更親近。而且，他可能也會嘗試表達他的感覺。
- **或許他願意為你做出一點改變**：儘管不一定是百分之百符合你的需求。如，在他難受的時候，他也會說一些他的感覺。光是這樣，就已經很不容易了！

如此一來，姑且不論當初的問題有沒有解決，但因為兩個人都有一些自我揭露（self disclosure），關係也變得更靠近。**生命本來就不會只有一種答案，當你允許他進入你的生命裡，也就等同了允許一系列的「封包」，來考驗你們的溝**

通能力。

當你開始願意拿下面具，或許一開始會覺得恐懼，但對方也終於能夠有機會好好的疼惜，那個懷抱著某一些恐懼、不是那麼完美、卻又渴望被愛的你。

你的人生已經夠防備了，如果對重要的人都還要架層層的拒馬，那麼終究沒有人能夠真正的靠近你，長久下來，不論你愛得多麼努力，都只會換來身心俱疲。

【延伸閱讀】

1——安卓雅．布蘭特（Andrea Brandt）（2019）。你不爽，為什麼不明說？：腹黑、酸言、擺爛，好人面具下的「被動式攻擊」（8 Keys to Eliminating Passive-Aggressiveness）（祁怡瑋譯）。台北：橡實文化。

2——Richo, D. (1997). When Love Meets Fear: How to Become Defense-less and Resource-full. Paulist Press.

我們常因為太在乎對方而選擇忍耐
殊不知那些壓在心裏的不說開
才是對彼此最大的傷害。

他總是和舊愛聯絡，真的沒問題嗎？

——感情裡的「背後靈」

「我家男人跟我在一起之後，還時不時的和他的前前女友聯絡，你覺得他們之間是不是有鬼？」女人A說。

「靠，那你也肚量真大，要是我早就叫他封鎖她了！」女人B說。

「我覺得心裡有鬼是你吧？他們都已經分開 n年了，是還會怎麼樣呢？」女人C說。

剛分手的時候斷不乾淨的確是很常見的現象，不過如果他已經有了新的對象，還和前任傳訊息，那他到底在想什麼？

為什麼有我，還要和舊愛聯絡？

心理學家琳西・羅德里格斯（Lindsey Rodriguez）[1]想了解大學生和前任（former romantic partners）聯絡的比例，結果發現大約有百分之四十的人現在有穩定的交往對象，但還是和「至少一個」前任情人聯絡。問題是和舊愛聯絡，真的會影響到目前的關係嗎？一個驚人的發現是，研究者調查了「聯絡組」和「沒聯絡組」，結果「聯絡組」對於現任伴侶的承諾感比較低，或許前任對他們來說，只是另外一種形式的「備胎」。

那麼，他們還聯絡的目的是什麼呢？他們的第二個研究則發現聯絡組比起沒聯絡組在幾個主要的動機上有所不同：

1 他們覺得分手後還和前任維持朋友關係，是可以接受而且有意義、有價值的（valued）。

2 他們比起「沒聯絡組」，在前任身上花更多時間，例如一起約出去等等。

3 他們和舊情人的社交朋友圈仍然有一些重疊，所以要完全斷開連結有困難。

後續的研究也發現，越常和舊情人聯絡的人，他們和現任情人的滿意度也比較低。或許對某些人來說，他們真正該擔心的並不是七月的鬼，而是現在懷裡抱著的這個人，是不是有「背後靈」。

感情裡的背後靈

你眼中的「背後靈」，其實就是伴侶的「備胎」（back burner，不好意思，我實在想不到更貼切的翻譯），操作型定義上是指：**一個「你現在雖然沒有和他在一起，但是不排除以後可能和他在一起（或是發生性關係）的人」，那個人可能是你曖昧對象、舊情人，或者是其他你感興趣的人，你們常常聊天，內容更不排除談論一些感情、戀愛、或者是有關性的問題**。

研究人際關係多年的傑森・L・迪布爾（Jayson L. Dibble）與蜜雪兒・都因（Michelle Drouin）另一項有關於「備胎」的研究[2]，調查了一群大學生他們在最常用的社群網站擁有多少「備胎」，意思是說那些可能在一起、可以聊心事或性事的曖昧對象，以及都跟他們聊什麼（讀到這裡，你可以稍稍暫停一下，想想看「自己」有多少個這種親密聊天的對象）。

結果發現大部分的人都有一個以上說心事（Platonic/nonsexual Communication）、打情罵俏，甚至聊聊蘊含著性意味話題的對象（Romantic/sexual Communication）。平均來說男性大學生擁有的「備胎」大約是八・四個，女性則是三・八個。

更令人驚訝的是，已經有伴侶的人除了他自己的伴侶之外，平均還跟二・七個人談心事，一・八個人討論曖昧、感情或者是性愛的事。另一個心理學家班傑明・勒（Benjamin Le）[3]曾用一張令人非常印象深刻的圖來描述這個現象：**當你抱著你的伴侶的時候，他一隻手繞過你的肩膀在你背後用手機，但是他傳訊息的對象並不是你，而是現在沒有跟他在一起，但不排除以後可能跟他在一起的「備胎」**——換句話說，他的備胎，可能是你的背後靈，哪天你被無縫接軌了，才後悔當初為什麼沒有看清。

他也指出，老實說我們真的無法知道對方與舊愛聯絡、或者是傳訊息給其他可能曖昧對象，背後真正的用意是什麼，有可能是他正在編織一個安全的網（safety net），以防止有一天和你分開跌落的時候不會太痛，也有可能他正在搭一個梯子（setting the stage），哪天你們的關係瓦解時他就可以順道走過去。

每個人都有至少兩個備胎？

不過我自己的感覺是，先不要自己嚇自己，這樣的調查可能有些文化差異（例如西方的性愛文化可能跟我們不一樣），而且如果調查的只是平均值，往往也沒有辦法描述每一對複雜的關係。

真正更有意思的思考的點是：**如果我們平均都有兩個左右的備胎，當你在質疑他是不是和其他的背後靈「關係並不單純」的時候，你自己是不是也正在做類似的事，只是你沒有覺察到而已？**

【延伸閱讀】

1 —— Rodriguez, L. M., Øverup, C. S., Wickham, R. E., Knee, C. R., & Amspoker, A. B. (2016). Communication with former romantic partners and current relationship outcomes among college students. Personal Relationships, 23(3), 409-424.

2 —— Dibble, J. L., & Drouin, M. (2014). Using modern technology to keep in touch with back burners: An investment model analysis. Computers in Human Behavior, 34, 96-100.

3 —— Benjamin Le(2014). Keeping the Back Burner Warm with Technology, Retrieved January 31, 2021, from https://www.luvze.com/keeping-the-back-burner-warm-with-technology/

備胎本身不是問題，
而是當一段關係需要另一個輪子
或許代表車子已經失去了原有的平衡。

你想談，他不想，怎麼辦？

——五大溝通重點，突破單面無力

很多人在觸及「敏感議題」①的時候會跟自己說：「算了，現在不是好的時間點，下次再說吧！」沒想到這句話卻是最大的謊言，「下次」往往此恨綿綿無絕期！為什麼會這樣呢？試想像一下這幾種情形，當你：

- 心情不太好時：「現在提會讓氣氛變糟，等開心的時候再說吧。」
- 心情普通時：「現在雖然沒有什麼事，但是如果講出來可能會吵架，還是不要自找麻煩好了！」
- 心情很好時：「好不容易才開心出來玩，幹嘛把氣氛弄僵？」

發現了嗎？根據好心情維持假說（mood maintenance hypothesis）②，你根本「沒有機會」把你在乎的事情跟對方說，真正要說的時候，往往都已經是兩人都被逼到絕境的時候。

其實，「現在」就是釐清是什麼情緒在糾葛彼此的最佳機會。

可是，關於溝通，過往的婚姻研究卻得到一個很弔詭的結果[1]：

1 「長期逃避衝突」是預測離婚的最有效指標。

2 爭吵頻率越高的夫妻，越容易離婚。

所以，如何能好好處理衝突而不吵架，就變成一種重要的學習。

冷戰還是冷淡？四十八小時法則

除了下面兩種情況最好先暫停之外，「現在」通常是最好的溝通時間。

1 當下的情緒已經無法再溝通。

2 身體已經很疲累。

是的，「暫停」也是很重要的技巧。有效的暫停常常可以避免很多情緒與時間的消耗，只是兩人要先約定好（或平時就有一些默契），再找時間回來談。或許你會說：「我也知道要冷靜一下啊！但我怎麼知道他這一走，是要冷戰還是冷淡？」一般來說，美國婚姻治療專家蘇珊・海特樂（Susan Heitler）建議至少先暫停三十分鐘，並約定四十八小時之內回來好好談談[1]。

當衝突逐漸升高：停看聽法則

什麼時候該停呢？當你發現再吵下去可能會拿菜刀的時候，就該讓彼此冷靜一陣子。一般來說衝突升高你應該會有感覺，但如果你資質駑鈍，婚姻諮商師霍華德・J・馬克曼（Howard J. Markman）等人與蘇珊・海特樂也提供了一些線索，如：

- 原地踏步，重複同樣的話。
- 不斷反對彼此的意見。
- 小事化大，情緒爆炸。
- 一方退縮，拒絕討論。

這時候就可以使用停看聽法則[1]：

1 **暫停**：當你發現自己生氣時，停下來，離開現場。做點別的事，或深呼吸，如果可能的話，跟對方說你需要靜一靜。

2 **觀察**：看見衝突中的自己。你的感受是什麼？你真正需要的是什麼？尊重、安全、信任還是歸屬感？沮喪、羞辱、罪惡、還是不被重視？當你學會標示情緒，就等於馴服了一匹野馬，而只有當你知道自己要的，也才有辦法向對方傳達。

3 **聆聽**：聽見伴侶的需求。對方需要的是什麼？他為什麼也這麼生氣？是否跟你們過去的事情、彼此的童年經驗有關？

面對衝突的三個溝通之道

冷靜過後，當兩人都願意來解決現況，可以用下面三個方法來達成溝通。

1 **表達感受與需求**：告訴對方自己的感覺，還有自己需要的是什麼，並給對方表達的機會。例如你可以說最近很需要他，希望他陪你去逛街，或是這週有一天可以和你一起在家翻滾。

2 **如何能不改變對方而獲得自己需要的**：找尋一個雙贏的方法，例如這週你先讓他放假打一天電動，下週他陪你一起逛街；或是他把DVD租回家看，你躺在他肩上發懶等等。

3 **有沒有其他因素造成衝突**：一般來說，把衝突「外歸因」，可以為感情增長保存期。或許是因為他最近太累了、工作和孩子也造成他不小的壓力、家裡的事情讓他很煩心等等。

對方不願溝通，怎麼辦？

但上面這些都有一個限制，就是「對方也要願意溝通」。有時候你很想聊聊兩人的關係，但是他卻總是說不想談、逃跑人間蒸發，或是每次只要碰到敏感議題他就會變成火冒三丈的破壞神，那該怎麼辦？事實上，當你無法顧好關係的時候，你唯一能掌控的就是自己。

1 **破壞神伴侶**：蘇珊・海特樂指出，許多研究都發現，長期處在被責罵、高壓、氣憤的關係中會讓一個人對自己沒自信、不快樂、沒有能量、甚至無力去面對彼此的問題。所以如果對方是破壞神，第一步就是減少兩人接觸的機會，透過參加療癒活動（宗教、慈善、義工、讀書會、聽演講、練習書寫等等）先讓自己長好，才有力氣去面對關係中的困擾。

2 **蒸發者伴侶**：不聞不問是他的選擇，但面對問題是你的選擇。**如果你沒有勇氣，那就只能接受遺憾。你可以替這段關係設一個停損點，或是尋求諮商的協助。**

對方的逃避或憤怒可能跟許多因素有關，但無論如何要記住，一段關係裡最重要的，是學會替自己的快樂作主。

我們都忘了，放棄也是一種選擇

最後我想說，如果你嘗試各種方式都沒有太多改變，放下也是一種勇氣的展現。我常常覺得，**放手最難的不是離開本身，而是接受自己「不管再做什麼，都無法再改變什麼」的這個事實**。

一直以來你都過得太認真、太努力了，或許過去藉由這種方式，讓你獲得了一些掌聲、得到了一些喜歡，甚至，擁有現在的工作、地位、人際關係，但人生是複雜的，在你以為可以靠這個方法繼續下去的時候，出現了一個讓你摸不透的人。

他偶爾出現，經常消失。總是藉口說很忙，你也總是體諒。給他很多空間，多到可以塞滿自己的寂寞。你去報名上課、閱讀書籍，練習跟自己相處，一如既往，那個認真的你，就連「自我成長」你都不落人後。

可是有一天你發現，你給他的空間，他拿去裝了別人。到那時候你才覺得自己傻，你甚至滿肚子疑惑，覺得自己為什麼這麼認真，卻換不到對方的真誠？

老實說，你沒有做錯什麼。只是在這個節骨眼上，你無法「再多做什麼」。有些關係是努力不來的，尤其當一個人對你已經失去了溫度，再多的付出對他來說都是束縛。

所以，**選擇放下本身，也是選擇接受自己的「無能為力」**。你可能會覺得，這樣子會不會變成懦弱、或者是不上進，但弔詭的是，當你終於接受這裡「此路不通」，這一個轉身跟掉頭，反而可能會帶來另一個海闊天空。換句話說，在這裡，放棄的人才是最有勇氣的人。

【延伸閱讀】

1——蘇珊・海特樂（Susan Heitler）、黃維仁（2002）。愛就是彼此珍惜：幸福婚姻的對話。（The Power of Two：secrets to a strong & loving marriage）（李淑煙譯）。台北：張老師文化。

【註解】

①——禁忌話題包括前女友、兩人關係現狀，或他與其他異性（或可能交往的對象）的關係。

②——心情維持假說（mood maintenance hypothesis），社會心理學專有名詞，人在心情好的時候會想要維持現在的好心情，或至少不想把氣氛變糟糕。詳參閱此有趣的實驗：Baron, R. A. (1997). The sweet smell of...helping: Effects of pleasant ambient fragrance on prosocial behavior in shopping malls. Personality and Social Psychology Bulletin, 23, 498-503.

有些關係是努力不來的。
當一個人對你已經失去了溫度
再多的付出對他來說都是束縛。

為什麼越幸福越害怕會結束？

——愛情裡的五個基本恐懼

這陣子有一些朋友，他們不約而同都有同樣一個困擾，一開始我聽的時候覺得有點奇怪，但仔細思考，似乎是對於愛情恐懼的人，經常有的困擾——**為什麼我總是在這段感情越幸福的時候，越害怕這段幸福會結束？**

認真來說，這件事牽涉到感情裡面的恐懼（fear）：**一段感情之所以能夠成立，是由於兩個人心靈脆弱的部分有所交集，然而，當這個交集不再穩固的時候，我們就可能會害怕，對方有一天可能會離自己而遠去。**你可能會在一般的書籍上面，看到這樣子的描述，但他們可能沒有仔細的說明，你所恐懼的到底是什麼？

比較簡單版本的說法是這樣：你在剛開始在一起之前，就預設了這段關係最終會結束（或者是每一段親密的關係，最後的結局都是結束），所以不論你們在一起多久，你內心都有一個擔心，擔心這段關係會有一天如你想像的那樣不再那麼開心、不再那麼幸福，你可能不知不覺地驗證自我的預言，然後往那個方向前進，也在對方有一些「可能關係會破裂的蛛絲馬跡」的時候，就放大檢視，藉此來驗證你內心當中的假設。

而這篇文章我想要講一個稍微複雜一點的版本，叫做「五個人類基本的恐懼」（five basic fear）[1]。

五個基本恐懼

根據企業管理大師卡爾・阿爾布雷希特（Karl Albrecht）曾於二〇〇七年提出知名的恐懼階層模型（The fear archy）[2]，他認為人有五個（而且只有五個）最基本的恐懼，所有跟恐懼有關的情緒，都可以在這五個階層裡面找到（由下至

五種人類基本恐懼層級

5 自我死亡的恐懼
（Fear of Ego Death）

4 對於分離的恐懼
（Fear of Separation）

3 喪失自主權的恐懼
（Fear of Loss of Autonomy）

2 受傷的恐懼
（Fear of Mutilation）

1 滅亡的恐懼
（Fear of Extinction）

上，越下面是越根本的恐懼）。

1 滅亡的恐懼

就是對於死亡的恐懼，害怕自己滅亡，每個人活在這個世界上，都會有這種原始的焦慮，恐懼某天會死亡、恐懼高樓、恐懼有一天我們會因為一些原因不再存在這個世界上。

2 受傷的恐懼

我們會害怕失明、失聰、斷手斷腳、或者是身體的某個部位受傷，我們對於某一些動物（例如蟑螂、蜘蛛、蛇和其他令人毛骨悚然的小動物）會感到害怕，因為會怕牠們傷害我們。是一種害怕被肢解的恐懼。

3 喪失自主權的恐懼

前兩個比較是身體層次的，第三個層級開始進入了心靈層次。例如說害怕被控制、幽閉恐懼症、對親密感或者是承諾的恐懼（因為害怕會失去自由），都屬於這個類別的範疇。

4 對於分離的恐懼

這個跟前者剛好相反，是另外一種極端。有些時候我們跟一個人太過親近，會覺得窒息，但有些時候我們跟一個人太過疏遠，我們又會覺得孤獨。如果前面是指「過度窒息」的恐懼，那麼這裡就是屬於「太過遙遠會覺得孤單」的恐懼。比方說，害怕跟時代脫節、害怕自己會被排擠、怕自己會被社會淘汰等等，這些都算是分離的恐懼。在感情當中常見的是，害怕自己有一天會被丟掉、害怕對方有一天不愛自己、害怕自己會被取代等等。

5 自我死亡的恐懼

這也是指自己被拒絕、或者是失去自我等等，包含上台的時候會被別人用負面的方式評價、害怕成功、害怕失敗、害怕自己如果做出某些事情，別人會討厭自己，害怕跟其他人進行互動之後，自己會被「侵蝕」。當你覺得自己的自我（self）一點一滴的開始凋零的時候，其實就是正在面臨自我的死亡。這個看起來很可怕，不過我認為終其一生**人總是要面對一部分自我的死亡，新的自我才能夠誕生**。

在愛情裡的五個基本恐懼

然而，如果我們仔細思考，就會發現這些恐懼都和某一些內在的需求有關。在解釋這件事情之前，我想要稍微說明一下後面這張圖片。在這張圖的左邊是馬斯洛的需求層次理論，然後括號裡面是用白話文來說明他的理論。右邊數來的第二欄是剛剛討論的五個恐懼，而最右邊的那一列，這代表你在這個社會上真正需要的需求是什麼，包括（順序為從下至上）：

- **覺得自己有用（Useful）**
- **覺得自己可靠（Reliable）**

- **覺得自己可用（Usable）**
- **覺得自己是讓人舒適平靜的（Pleasurable/convenient）**
- **覺得自己有意義（Meaningful）**

回到一開始的問題，為什麼有些人總是「越幸福越害怕會結束」呢？除了他們一開始就預期一段關係最終可能會完結之外，可能在他們的心裡面還有幾種不同的恐懼交雜在一起（你可以對照後面這張圖表）：

- 我很害怕我的存在對你來講是沒有重要性的。↓害怕自己不重要。
- 我害怕如果我讓你進入太多我的內心，有一天我會有那種「被入侵」的感覺，所以我不敢讓自己太幸福，也不會跟你有太多的情緒連結。可是我又害怕，這樣的一種阻擋，同時也阻擋了我們之後更多的幸福。↓害怕被理解。
- 如果我讓你認識真正的我自己，有一天我終會被拒絕、會被討厭、會被推開，你會發現我並沒有你想像中那麼好，所以雖然我們每一天都在靠近幸福，但每一天也都在接近那個「幸福會結束」的路上。畢竟，這條路走到最後，你有一

馬斯洛的需求層次理論＋五種恐懼層級

馬斯洛的需求層次	參與需求	五種恐懼層級	社會需求
自我實現 （成為理想的我）	自我實現	喪失自主權的恐懼	覺得自己有意義 （Meaningful）
尊重 （感覺被尊重）	受到尊重	自我死亡的恐懼	覺得讓人舒適平靜 （Pleasurable/convenient）
社會 （感覺被接納）	愛情、友誼、歸屬感	對於分離的恐懼	覺得自己可用 （Usable）
安全 （感覺安全）	安全、穩定、秩序	受傷的恐懼	覺得自己可靠 （Reliable）
生理 （感覺舒適）	生存的基本需求	滅亡的恐懼	覺得自己有用 （Useful）

參考資料

1. Maslow's Hierarchy of needs: Per Neel Burton MD in “Psychology Today”.
2. Engagement Needs: “Patient Engagement Model” from UPMC.
3. Fears: Karl Albrecht Ph.D. of BrainSnacks.
4. Social Needs: Stephen Anderson's “Creating Pleasurable Interfaces.”

天會發現我並沒有那麼好。↓害怕自己不夠好。

我很害怕幸福到某一天以後，我們兩個人會過度靠近，靠近到讓我失去了自己，到時候我就會覺得，與其在一起那麼快樂，不如分開比較好，至少我不會有那種壓迫的感覺。於是，當那天來臨的時候，就是幸福結束的時候。↓害怕失去自我。

發現了嗎？一個很簡單的「害怕幸福會結束」，其實背後藏的真正的恐懼是「**對於自己的不信任感、對於自我價值的懷疑**」。而這些懷疑，也會影響到關係的維繫，讓一個人開始懷疑關係、懷疑自己和其他人相處的狀態，最終有一天會把彼此都推到盡頭。

那該怎麼辦呢？我覺得這幾個恐懼要慢慢地去接受和面對它，是不容易的事情，不過光是你可以覺察並且看見每一次你講這句話的時候，你內心的恐懼是什麼，你就會更了解這些恐懼一點。

當你轉身面對這個害怕，慢慢描繪它的形狀，你也有機會慢慢地找到自己覺得可以安穩站立的地方。

【延伸閱讀】

1——Webmaster (2020).The Fears We Share.Retrieved January 31, 2021, from https://athensnowal.com/the-fears-we-share/

2——Albrecht (2007).The (Only) 5 Fears We All Share: When we know where they really come from, we can start to control them.Retrieved January 31, 2021, from https://www.psychologytoday.com/intl/blog/brainsnacks/201203/the-only-5-fears-we-all-share

3——Grace LaConte's hierarchy of Engagement Needs, Fears, and Social Needs. https://laconteconsulting.com/2018/07/31/company-culture-faqs-part-2/

越是幸福，
越害怕會結束
是感情裏最不確定的恐懼。

他總是不想要，怎麼辦？

——性愛誘惑心理學

遇見他們是在某一個炎熱的星期天下午，Jack一如往常穿著合身而且熨燙良好的襯衫，Lisa則穿著碎花點點的洋裝，兩個人謙恭而有禮貌地坐下來。那是我第一次找伴侶一起來談，要很努力才能控制住自己的手不要發抖①。

「老師你不用緊張，我們不會把你吃掉！」Lisa說完，我們三個都笑了。

「哎呦，你也知道我有點緊張。今天兩個人好不容易一起來，想談點什麼呢？」我趕快轉移話題，心虛地對Jack微笑。

「我覺得，他最近總是一直逃避跟我做愛。」Lisa說，整個空間溫度瞬間下降二十度。

「哪有？」Jack立刻反駁，又下降了十度。

「上次我們去看電影，回家的時候我跟你說我很想要，你卻說你很累想睡覺。但我覺得你根本是裝的，看那種片根本睡不著！」

「那天我就真的很累呀！」

「很累你還玩手機！之前買泳裝的時候也是啊，你根本就不看我！」Lisa大聲地說完，Jack沒有做任何的回應。

幾分鐘過去，這種寂靜，似乎就像是他們平常天天會上演的劇情。

Lisa抱怨，大概是在一起兩個多月開始，兩個人做愛的頻率就減少了，最近一次做愛幾乎是半年前，那一次還草草結束，兩個人感覺都很差，Lisa覺得沒有「到」，Jack覺得浪費時間。他總是以很累、很忙為藉口，可是敏感的Lisa知道，他只是不想做愛而已。前幾天她下班回家，發現Jack在書房裡面打手槍，「所以你寧願看波多野結衣也不願意看我？」兩人為此大吵一架。

看了這些資訊之後，你覺得Lisa和Jack，他們在感情裡面想要的是什麼？他們之間欠缺的真的只是性而已嗎？

性愛背後的擔心

「不論來訪者知不知情，**通常他們第一個問的問題，都不是他們最擔心的問題。**」我想到之前一個老師在督導的時候跟我說的這句話。以Lisa的例子來說，她當然也在乎為什麼伴侶不跟她做愛，可是或許她更在乎的是：

- 我對這段感情失去了控制感。
- 他不再渴望我的身體，會不會有一天他就離我而去？

有些人之所以會對性行為頻率下降感到不安，可能是因為他們把「做愛」和「愛我」劃上等號。

然而，這個等號是真的嗎？事實上，幾乎所有的研究都發現性滿意度和關係滿意度成正相關[1][2]，不過知道這個沒什麼用，真正重要的是，那些對於性愛感到不滿的人，他們失去了什麼？

答案是「親密感」（intimacy），也就是一種覺得彼此了解，可以互相依靠的感覺。

心理學家凱文・李曼（Kevin Leman）指出，女性的「想要系統」源自於可以感覺到被愛、親密、受到寵愛尊重的感覺，其實說穿了，就是親密感。

不過，如果你的男人總是很冷淡，那可能感情並沒有這麼複雜，只是習慣與缺乏誘惑而已。

四個誘惑領域

如果從行為學派的角度來看，**同樣的酬賞持續一段時間之後，引發的反應就會下降**。同居很久的情侶或夫妻，老是一成不變的性愛招式，因為缺乏新鮮感，當然不會想要再耗費心力做同樣的事。如果上一次的經驗不是很好，對方有可能還會把做愛當成是一件嫌惡的事情，變得恐懼、想要迴避。

至於缺乏誘惑，凱文・李曼曾於二〇一一年的一本專書中[3]回顧了過去的研究，整理出四個誘惑、激起情慾的領域：

1 **視覺**：可能是若隱若現的衣服，或者是一些激情的畫面、小說裡面撩人的文字等等。

2 **觸覺**：透過撫摸、愛撫，會讓人變得口乾舌燥、想要。

3 **聽覺**：有些人是聽覺型的，例如喜歡伴侶在耳邊用細微的聲音說情話，或是在日常生活當中聽到對方稱讚他的穿著、講一些很親密的語言等等。

4 **關係**：因為覺得兩個人的關係越來越靠近、越來越好，而越來越想要。

換言之，你可以透過觀察他平常最敏感的領域是什麼，然後對症下藥，一～三項都還算好辦，做足前戲或是買件內衣就可以搞定，最困難的是第四項。

或許缺的不是做愛，而是好好談愛

和Jack與Lisa談到後面幾次之後才發現，原來這段感情包括性愛，從頭到尾都是Lisa一個人一廂情願，Jack只是配合，不想要讓Lisa失望②。沒想到日子一久，卻也離不開她了。一直以來他抗拒做愛，是因為他怕哪一天避孕措施沒有做好，有了小孩，他們就要結婚了。

可是Jack打從心裡沒有打算和Lisa結婚，於是這個看起來是性愛的問題，真正潛藏在深處不能說的祕密是「承諾」的問題（你可以想想，**我不想和你做愛**，以及**我不想和你永遠在一起**，那一句話比較傷人？）。

他們是第一對在我面前好好談分開的伴侶，過程當中當然也經歷了非常多的暴怒、哭泣、沉默，但最後也發現，這種互相的委屈並不是他們想要的關係。兩人離開的時候雖然滿臉眼淚，但眼淚裡面似乎是悲欣交集。

「雖然很捨不得，但總算說出了我真正的想法。」Jack說。

「我走了以後，你不准再給我去浪費別的女人的青春知道嗎！」Lisa用拳頭敲了一記Jack的頭，兩個人又哭又笑的，即使是在分別的這一刻，Lisa仍然想要抓住一點什麼。

「伴侶治療的真正目的，並不是讓兩個人永遠在一起，而是讓兩個人更懂關係裡面的自己。」看著他們的背影，我好像漸漸也懂了一些什麼。

【延伸閱讀】

1——Pedersen, W., Blekesaune, M. (2003). Sexual satisfaction in young adulthood–Cohabitation, committed dating or unattached life?. Acta Sociologica, 46(3), p.179-193.

2——Schwartz, P., Young, L. (2009). Sexual satisfaction in committed relationships. Sexuality Research and Social Policy, 6(1), p.1-17. doi: 10.1525/srsp.2009.6.1.1

3——凱文・李曼（Leman, K.）（2011）。床上：心理學家才懂的性愛誘惑心理學（Sheet Music: Uncovering Secrets of Sexual Intimacy in Marriage）（繆妙坊譯）。新北：野人文化。

4——Vannier, S. A., O' Sullivan, L. F. (2010). Sex without Desire: Characteristics of Occasions of Sexual Compliance in Young Adults' Committed Relationships. Journal of Sex Research, 47 (5), p.429-439. doi: 10.1080/00224490903132051

【註解】

①——此案例經當事人同意，大幅修改並揉合其他案例之細節，無可供辨識之虞。

②——這稱作「性愛退讓」（sexual compliance），指「不想要做愛但仍然和伴侶做愛」。事實上，有百分之十七的性行為是如此，因為至少有一方不想要，所以結果通常不會太滿意[4]。

有時無法滿意的性關係，
只是親密感距離的照妖鏡。

如何成為不安全依戀者的安全堡壘？

——讓伴侶邁向安全依戀的兩種方法

「如何讓我的伴侶變成安全依戀？」這幾乎是每次我去演講必定會被問的月經題目，通常來詢問的都是焦慮依戀者，他們往往有一個逃避依戀的伴侶，這樣的關係讓他們很辛苦，但是又放不下，所以想知道該怎麼做才能「讓對方變得安全」。

以往我的標準答案總是：「先嘗試讓自己變得安全了，當你可以更安穩、更平靜的去看待這段關係，由於你不再緊緊抓住對方、給對方空間，對方也比較能夠靠近你。」

不過，這個答案對於焦慮依戀的人來說超級困難，因為對他們來說感情裡面最困難的並不是「去做點什麼」，而是「放下、暫時不做什麼」，這會讓他們覺得很沒有控制感。不過這次我倒是有一個比較不一樣的答案，提供大家參考。

心理學教授希蜜娜・B・阿里亞加（Ximena B. Arriaga）等人於二〇一四年提出的想法[1]是：「心理學家辛蒂・哈贊與菲利浦・夏弗在一九八七年提出成人依戀理論[2]以來，許多心理學家一直在想怎麼樣才能讓不安全依戀變安全。告訴大家一個好消息！我們有答案了……」

希蜜娜・B・阿里亞加等人推論，逃避依戀和焦慮依戀所害怕的東西是不一樣的，正所謂解鈴還需繫鈴人，心病終須心藥醫，哪裡跌倒就要從哪裡爬起，如果我們要回答「不安全依戀要如何變得安全」的問題，就得先回答這兩種人「真正害怕」的是什麼？（諮商式翻譯蒟蒻：困住他們的是什麼？）

不安全依戀的兩種恐懼

其實這兩種人的共同點都是「不相信」。

焦慮依戀的人不相信自己是好的、不相信自己做的事情是有價值的；逃避依戀的人不相信感情、不相信別人是可以依靠和信賴的。

但是沒有關係，既然焦慮依戀者對自己沒自信、逃避依戀者不敢輕信他人，那麼：

- **如果對方是焦慮依戀**，請支持他的夢想、做他背後的安全堡壘（但千萬不要用過度控制的方式，幫他決定、或者把事情搶過來做）。
- **如果對方是逃避依戀**，你只要曾經承諾就盡量要實踐，不要食言而肥（畢竟他已經很難信任關係、信任永恆了）。從每一次的答應—實踐、承諾—完成不斷反覆的過程當中，漸漸培養他對你（以及對感情、對人）的信任。

你可以這麼做

前述的研究發表在很好的社會心理學期刊《Social Psychological and Personality Science》上面，但每次看完這些研究總有一種「我知道啊，但是要怎麼做」的疑惑，例如作者說「給予支持而不是控制」，問題是怎樣算支持、怎樣算控制呢？

昨天發生了一個小軼事，讓我終於有一個練習的機會。我女友要申請一個研究計畫，這計畫對她來講很重要，得請人幫忙寫一些文件、並且要準備許多相關的資料。但同時她也很逃避準備這個計畫——身為一個焦慮依戀者，她很害怕自己把事情搞砸、對自己很沒有信心。

「你有請老師幫你準備文件了嗎？還有你的資料拿去印了嗎？」我本來在Line對話的輸入欄打了這段文字，突然想起這篇研究，稍微停了一下。我問我自己：這樣的對話會不會讓她有一種「被控制」的感覺？於是我把這句話刪掉，改成這樣：

「對了，所以我說那個計畫，我可以幫上什麼忙嗎？」不久她就回覆我了，她很開心我願意支持和協助她，而且她只需要我做兩件事情，就是提醒她截止日期，以及陪她去印刷廠一趟。

核對彼此的感受

如果是以往的我，可能就把所有的事情都搶過來自己做了（從跟老師要資料，一直到把文件全部印出來裝訂成冊），這不但沒有辦法讓她感覺到被支持，可能還會讓她有一種被控制的感覺。結束之後，我們討論這件事情，核對彼此的感覺。

「我也很關心你這次的計畫案，然後也知道你覺得它很重要，但我不知道要怎麼做會讓你感覺到我有在支持你、我擔心你會覺得是我在控制你。」

「不會啊，像今天這樣就做得很好。」她這樣說，看樣子讀論文還是有用的嘛！

「謝謝你，聽到你這麼說真是太好了。不過貧僧資質駑鈍，你可以稍微示範一下控制和關心的句子有什麼差別嗎？」

「有什麼差別喔……像是『你那個東西弄了沒』這個比較像控制，『要記得寫信去跟老師要資料喔』這個比較像是支持，其實語氣也很重要啦，簡單地說就是不要有那種被指責的感覺，然後要溫和一點。」

上面這是「支持」焦慮依戀者的方法，那麼對逃避依戀者該怎麼做呢？

你可以詢問他，做什麼事情會讓他有一種「覺得你可以信賴、靠你不會倒」的感覺。例如對我這個逃避依戀者來說，倘若要計劃出去玩，我很希望有人可以協助做預訂房間和機票等等的工作，因為我很不擅長，常常漏東漏西。但過往我跟某些人相處，他們可能會承諾要做這些事情，最後卻仍然做得七零八落，我就會覺得「拜託你們做還不如我自己做，果然靠不住」的感覺；另外一個例子，我其實是很難說出我的感覺和情緒的人，所以當我表達我的想法和感受時，很需要有一個人可以專心的聽、專心接我的情緒，而不是同時分心在做其他的事，當我的伴侶可以做這樣的事情時，我也會覺得他是可以依靠和信賴的。

總而言之，每個人、每段感情都有所不同，沒有什麼是一定可以或一定不可以做的，大方向是你必須和他討論，換句話說不論你做任何事情，盡量讓「逃避」的他會感覺到你可以依靠，讓「焦慮」的他會感覺到被支持。或許，這樣做暫時還沒有辦法讓對方瞬間變得更安全，但你可以慢慢開始練習扮演，他的安全堡壘。

【延伸閱讀】

1 — Arriaga, X. B., Kumashiro, M., Finkel, E. J., VanderDrift, L. E., Luchies, L. B. (2014). Filling the void: Bolstering attachment security in committed relationships. Social Psychological and Personality Science, 5(4), 398-406.

2 — Hazan, C., Shaver, P. (1987). Romantic love conceptualized as an attachment process [Article]. Journal of Personality and Social Psychology, 52(3), 511-524.

試著在溝通時核對彼此的感受
或許在那些讓你擔心的事情上
也可以慢慢長出花朵。

為他做了這麼多，為何他還是不滿意？

——其實不付出，也是一種愛

你是不是有下面這些情況？

- 在一段感情裡面付出很多，但是卻換來失落。
- 因為你知道，多做多錯，多解釋多誤會，後來乾脆直接不說。
- 總是覺得自己愛對方比對方愛自己多。
- 已經什麼事情都配合、順著對方了，但是對方還是不滿意。
- 想到這段關係，就有很多委屈。

如果你也是這樣的人，很有可能其實你誤會了一件事情，**你以為在一段關**

係裡面不斷付出就叫「愛」，殊不知有些時候愛的本質並不在於付出，而在於「忍住不付出」。

「不做」也是一種做

愛情裡面最痛苦的並不是一方還愛，一方不愛了，而是彼此都相愛，卻不是用彼此想要的方式去愛和被愛。很多時候我們表達愛的方式，也跟我們想要被愛的方式一樣，但這個方式可能和對方想要被愛的方式有所不同，例如，對你來說愛就是陪伴，你需要很多時間的陪伴，所以也認為「陪伴對方」就是愛他的表現，但殊不知，相較於陪伴，他比較需要「自由和空間」，這也是當初你欣賞他的原因，因為他獨立、有自信，可以幫你完成很多事情，不像你很依賴的樣子。你可能會覺得，這樣看起來自己好像很弱、沒有優點，但先別氣餒，相反地，你也有他所欣賞的地方，例如心思細膩、做事細心、思考周延、還有會顧慮許多人的想法，以避免出包，這些都是他所欠缺的。

但兩個相愛的人並不代表他們會知道用適合彼此的方式來相愛。**或許對他來說，愛你的方式是給你自由；或許對你來說，愛他的方式是給他陪伴，但，這都不是你們彼此想要的。**

以上面的這個例子來說，有些時候你不付出愛（不問他假日要去哪裡玩，不去陪他，而是做自己的事情）反而是一種愛。那是因為他可能需要自己的空間和時間，相對的你也一樣，你也需要自己的空間和時間，當兩個人都能夠平衡獨立和依賴，關係就會比較穩定。

有些好意，不一定有好的結局

前陣子上課我有一個很重要的體會，**我發現有些時候我們想要幫助別人，但被幫助的那個人並不一定需要我幫助；套用到現在談的這件事情當中，有些時候我們想要愛一個人，但那樣的愛並不是他想要的，換句話說，從頭到尾我們並不是在滿足對方，而是在滿足自己「可以付出」的慾望。**

我記得那堂課叫做「團體沙盤」①，當天發生了一件小軼事，我們一組同學一起擺放一個沙盤，每個人輪流放一個物件到一個裝沙子的盤子當中，可以營造出沙灘、水的景色，但在放置物品的過程當中，彼此不能夠對話，一起建構出一個場景。

有一個同學放了一個泳裝美女在海中，我放了一艘小船在岸邊。其實在過程當中我很希望這一艘小船就停在岸邊不要前進，可是不知道為什麼，在過程當中我竟然慢慢地將它移動到那個泳裝美女旁邊，因為我在想，那個泳裝美女可能溺水了，所以我開船要去救她。沒想到在團體最後討論時，對方的回饋讓我非常驚訝，他說：「這個泳裝美女在這裡衝浪衝得好好的，你幹嘛來撞她？」

我那時候聽了真的是百感交集，回去仔細想想這個「百感交集」，至少夾雜著下面幾種感覺的組合：

- 我只是想要幫忙，可是為什麼反而被責罵？
- 其實我一開始也不想要移動，我待在原本的位置就很舒服了，但後來因為看到有一個女孩在水的中央，我很擔心她會發生什麼事情，所以雖然有一點不情願，但還是去救她了。

- 但儘管是如此，儘管我做了一件不是很心甘情願的事，卻還是被罵了，那麼早知道我就不要做這件事情了。
- 原來我經常預設、想像對方是「受傷的、需要協助的」，但事實並不一定是如此，他可能對於現狀感到很自在、很滿意。
- 原來我經常在別人沒有允許的情況下，就做出了一些決定，而這些決定可能表面上看起來是我在幫忙對方，但實際上卻是**「我需要成為那個可以幫忙對方」**的角色。

事後我跟這位同學討論，他並沒有覺得不愉快，而是有一個新的體會。同樣的，我也覺得有一個不一樣的體會，就是，我發現我總是會經常預設「別人是需要幫助的」。這個預設，其實某一種角度來看也代表著我總是覺得自己是「可以幫助別人的、地位比較優越的」，當我可以做這件事情的時候，我會覺得感覺比較良好，並不是因為對方被幫助，而是我可以有能力去幫助別人。可是在這個過程當中，我並沒有獲得對方的允許。

「所以下次在要幫助別人的時候，或許你可以先問問看對方需不需要被幫助。」我同學說。

把上面的「幫忙」換成「愛」，或許你就能夠理解，有些時候在**經過對方允許之後才付出的愛，比較有可能接近對方想要的形狀**。

講「允許」兩個字或許太過嚴重了，用通俗一點的方式來說，或許是，當我們在用「自己覺得好的方式」去愛對方的時候，或許可以先問問看對方，這是不是他想要的。例如，一些比較親密的問句像是：

- 寶貝，我做什麼會讓你覺得被愛？
- 在這樣的情況下，我做一些什麼會讓你覺得好過一點？
- 如果我很希望跟你去參加聚會，可是你說你希望自己去，有沒有什麼方式你會覺得比較舒適自在？

同樣的，在表達詢問之後，你也可以提出自己的需求，以及怎樣自己才會感覺到被愛，然後在這兩種「被愛的需求」當中，找一個平衡點。

關係裡面的溝通，一直是很困難的問題，但**真正困難的並不是溝通本身，而是在溝通的時候看見彼此的需求。當真正深層的需求被看見，彼此的距離才不會越隔越遠。**

【註解】

①——這是沙遊治療（sandplay therapy）的一種方式，主要是一種透過沙子，小物件，以及一個28.5"×22.5"×3"（英寸）的木頭箱子等等器材作為媒介的心理治療技術。這個技術融合了榮格的分析心理學（Jung analytic psychology），Margaret Lowenfeld的世界技法（world technique），以及東方的哲學思想。個案或者是當事人在與沙子、小物件的互動過程當中，在無意識裡梳理恐懼、焦慮以及各種固著的想法信念，促進個人心靈的成長。一般來說，沙遊治療經常是一個治療師跟一個個案一起合作，而「團體沙盤」則是比較特殊的例子，一位帶領者和幾個參與者一起合作一個沙盤（大家輪流拿一些物件放到沙盤上面），透過跟同儕的互動產生療效。如果你對此治療方式有興趣，歡迎造訪沙遊治療學會的網站，獲取進一步的訊息http://www.sandplay.org.tw/。

不付出也是一種愛。
在一段太過努力的感情中放手
也是給彼此的一種溫柔。

當愛走偏了，怎麼辦？

——維繫關係的兩個關鍵時光

「Emily說我變了。變得不再像以前那樣溫柔體貼了。她說以前我都會接她去上班，幫她買早餐、叫她起床，晚上哄她睡覺，可是現在都不會了。我聽了很難過，那一陣子公司事情忙，我也希望多抽一點時間陪她，因為我知道她是一個很需要安全感的人。可是我覺得自己像一支快被燃燒殆盡的蠟燭，我已經無力了。」Doris說，在這段不被看好的關係中一直扮演男生的角色的她，卻一路走得好辛苦①。

「……後來有一陣子她抱怨變少了，我工作也順利多了。本來很開心，因為我們已經長達兩週沒有吵架。我在下班途中，買了她最喜歡的塔吉特千層蛋糕回去。但當我經過巷口，我卻看見像是她的身影，坐在另一個男生的車子裡，和我背道而馳地駛去。回到家，她的東西都搬空了，後來，甚至連電話都不通了……」

「她們」的關係真的比較難維繫嗎？其實不然，過去婚姻關係研究大師約翰．高特曼（John Gottman）曾進行一項伴侶互動研究，他邀請了四十對平均年齡三十歲的同性情侶（其中有他他，也有她她），用攝影機記錄他們的「每天」與「衝突」中的互動狀況，發現預測同性親密關係幸福與否的因子，和異性戀的幾乎是大同小異——在溝通與衝突時，表現出越多負向情緒、逃避、鄙視的人，比較不滿意他們的關係，在十二年的追蹤研究中更容易分手[1]。

事實上，一些研究發現拉子之間的感情，更像是已婚的夫妻，如果在這段關係中價值觀相似、自我揭露越高、信任與愛的投入程度越高、衝突頻率越少，關係滿意度也越高，也比較能抵抗「小三」的侵襲[2]（當然也有例外的狀況）。

約翰．高特曼的研究對我們有什麼啟發呢？其實他說明了一件常常被我們忽略的事情，那就是「平時」和「戰時」同等重要。過去許多戀愛、婚姻研究都一致地發現，一段穩健的關係通常奠基在兩件事情上[3]：

- **平時的親密幸福程度。**
- **衝突時的處理技巧。**

尋覓親密的人

「我一開始很生氣，Emily曾說她是異性戀戰爭下的犧牲品，我那時好心疼她、好為她抱屈，我希望把我能做的都給她……結果，最後她還是走回了她原先的路，那些她曾經說討厭的、害怕的、不願再面對的臭男人，卻成了我情感上的敵人……，我不甘心，也很不懂，當初口口聲聲說我比每個他都好，現在她又跟別人跑了……不過，後來我才發現，她只是一個在人海中尋覓親密的人，就像一艘孤船，在哪裡累了，就往哪裡靠岸。但只要熱戀期一過，她又會抱怨對方改變了，另尋港口。」

於是Emily最終沒有找到她要的那種「永遠不變」的戀愛。為什麼呢？因為關係本來就是變動的。或許很多人都跟你說，在一段一段的分手後，你可以變得更成熟，但這句話，「並不一定是事實」。

真正的情況是，**談過較多次戀愛的人並沒有比較滿意自己當前的戀愛關係**[4]。**因為每一段關係都有必須面臨的課題，如果你沒有在過去的戀愛中成長些什麼、學到些什麼，你只會蹉跎在一段又一段短暫的關係中，尋求無止盡的溫柔，卻傷害了曾經很愛自己的人。**

換句話說，當你發現自己在某個部分曾經受了傷，表示你還需要更多的能量、更多的學習，因為下一段關係，同樣會在這個點來考驗你。

在關係中成長

那麼，要怎麼在一段關係中逐漸成長呢？首先要「相信」，親密是會隨著時間而波動的，在這段相處的過程裡，兩個人都會互相影響，而變得與剛開始不同；一般來說，相信這段關係可以經由培養、練習、經營，變得比原先更好的情侶，比起其他「宿命論」的情侶，更能抵擋每次衝突的震盪[5]。

一般來說，越滿意這段關係的人，越能感覺到自己是這段關係中的「一分子」，對彼此也有較正向的看法[6]。當他不再把這段關係放在優先考量、不再積極想經營兩人之間的感情，而是把自己的新鮮與愉悅放在第一順位時，你單方面的努力、哀求、獻殷勤，只會讓他離開得更快而已。所以，當對方說你變了，並不一定代表你變糟了，而是代表你跟他前進的方向不同了。

試想，當你還相信一切還有轉圜的餘地，但他不相信；你還願意為這段關係付出、你還想彌補，但他已經不想了，在信念、認知、行為上都互相迥異的兩人，如何能回到一開始給彼此承諾的永恆？

「她再回來找我的時候，我很猶豫。我擔心這次會不會又像先前一樣，親暱幾個月，她又感覺無聊了，我知道她是很喜歡新鮮感的那種人。可是，我上次的傷口還沒痊癒，我怕自己，無法再承受一次同樣大的打擊。」Doris

說，胸口的銀項鍊在咖啡廳的燈光下閃閃發亮。

戀愛這條路走久了，很多當初讓彼此墜入愛河的美好因子都隨著時間消逝了，畢竟我們不是童話裡的人物，可以天天談戀愛、唱唱歌、牽牽手、不工作，所以剛認識他第一天晚上，你可能會和他聊到天亮，第一次出去玩，可能臨別前還依依不捨，第一次一起用餐，他可能會選氣氛好、浪漫與價錢一樣高的餐廳，他會哄你睡覺，叫你起床，幫你送便當，但是這些都不是長久之計，我們需要討生活，所以工作、瑣事、情緒堆疊起來，很容易覺得「親密減少了」、「衝突增加了」、「對方不再像一開始一樣愛我了」——但這並不是事實。

真正的原因是，在他的世界裡，你變成一個可以信賴、感到安全的個體。所以他「敢」在你面前呈現最不堪的一面，因為他相信，儘管是這樣你也不會離他而去。你可能會開始抱怨他都對別人比較好，他都在乎別人的看法，覺得他眼中都沒有你，你覺得委屈、不解於是爭執頻頻，最後把關係弄僵了。

兩個關鍵的時光

不過，**這並不代表你該忍受他逐漸的冷漠，反而應該換個角度想：既然改變是必然的，那麼怎樣才能讓分開不會隨著改變而來？**如何和對方在關係中一起成長，而不是走向不同方向？

針對這個問題，婚姻治療大師霍華德・馬克曼（Howard J. Markman）的觀點②和先前提到的約翰・高特曼研究不謀而合，他指出一段關係之所以能長久維繫，是因為他們懂得分配兩個時間：**「議題溝通時間」和「身心親密時間」**[7]。

你可以簡單檢視一下，最近你們見面都聊一些什麼？聊工作、朋友、時事、學校課業等等？這些「瑣事性溝通」都是一般朋友間可以閒聊的話題，也是每天發生在我們身邊的事件，但它無助於這段關係的延續，只是交換彼此生活的資訊而已。

真正重要的時間是**「議題溝通時間」**。很多情侶的情況是，明明知道彼此的感情有很多暗礁，卻仍睜一隻眼閉一隻眼，持續講一些言不及義的話語，假裝沒時間去討論自己真正關心的議題，例如彼此的關係進展到哪裡？是否有很在意的細節沒有說？曾經吃哪一個人的醋？這些埋藏的議題並不會眼不見為淨，而是會越逃避越鮮明，鮮明到有一天橫在兩人之間，變成「不得不解決」的問題。

通常事情發展到有問題要被「解決」時，就表示過去這段時間他們不曾好好地「了解」彼此的感受。霍華德・馬克曼建議一週至少要有一個可以坐下來，好好溝通的時間，聽聽彼此的感覺，這週內對這段關係的期待與失落，那麼就可以在問題還很小的時候，給彼此足夠的關心與照料。

我最喜歡用的比喻是「跳樓梯」。

我們「對關係的不滿」是會像階梯一樣不斷堆疊升高的，如果兩人每週都有「議題溝通時間」，就可以像是從一、兩階的高度跳下來，雖然會有點痛，但不至於讓彼此身受重傷；相反的如果一直躲避不理，最後才一次「處理」，從高處墜落的傷口可能不是兩人目前承擔得起的，關係更有可能因此而崩離。唯有一週一次認真面對兩人之間的困境，每次化解一些、改變一些、為彼此犧牲一些，才可以讓兩個人走得更近一些。

另外一個時間是「**身心親密時間**」，霍華德・馬克曼認為這是讓兩個人可以好好「享受」的一段戀愛的時間，也是當初讓彼此墜入愛河的主要原因。

你有多久沒有好好看對方的眼睛一分鐘以上了？有多久沒有真誠地對他說一句我愛你？又有哪一次是誠實地想念他，不帶任何委託或目的？當對方漸漸變成自己生命中的一分子，我們常常就會忘記要和他「培養感情」。如果每次的電話都是事務性的約吃飯、吐苦水，這樣就算是再多的愛都會被消磨掉。

走偏的愛戀

那該怎麼辦？霍華德・馬克曼建議你可以每天空出一點時間向對方表達愛意，就算是十～十五分鐘都可以，不論是電話裡面溫柔的話語、擁抱、身體接觸，或是見面時深情的對望，這些都證實是可以增進彼此關係的好方法[8]。

很簡單吧？但我們常常忘記。常見的情況是，我們拿睡前精神最糟糕的時候去吵架，然後把真正有品質、精神好的時間燃燒在約會，心裡卻還惦記著許多誤會。最後你會發現，這段愛之所以走偏，並不完全是因為哪個人出現、哪次醋吃得太過、哪次爭執沒有解決，而是因為你用錯了時間。

比較好的作法，是當對方在你好累的時候，或是提出關於你們重要的問題時，跟他一起訂一個「明確」的時間點（例如星期六下午一點半），在那時間裡好好的談，然後保留睡前最累、也最需要呵護的時候，給彼此多一些親密與溫暖——畢竟，在暫離人間六～八小時的前一刻，他希望聽到的是你的聲音，而不是無解的爭執。

當你辜負了時間，原先屬於彼此共同擁有的，就會被一點一滴地錯開。可是當親密與溝通的時間都被安置妥當，那些你們曾經錯過的，也會一點一滴地拼湊回來。如果你能將這兩個時間踩穩，幾週後一定可以從中找到一些信心與力量，並且在這股力量上，逐步察覺彼此前進的方向，正一點一滴地匯聚在同一個遠方。

【延伸閱讀】

1——Gottman, J.M., et al., Correlates of gay and lesbian couples' relationship satisfaction and relationship dissolution. Journal of Homosexuality, 2003. 45(1): p. 23-43.

2——謝文宜，蕭英玲，曾秀雲（2009）。台灣同志伴侶與夫妻關係品質之比較研究。輔導與諮商學報。31（2）：頁1-21。

3——Panayiotou, G., Love, commitment, and response to conflict among Cypriot dating couples: Two models, one relationship. International Journal of Psychology, 2005. 40(2): p. 108-117.

4——秦穗玟，黃馨慧（2011）。青少年愛情關係滿意度之研究：以台北縣市高中職學生為例。應用心理研究。頁219-251。

5——Knee, C.R., H. Patrick, and C. Lonsbary, Implicit theories of relationships: Orientations toward evaluation and cultivation. Personality and Social Psychology Review, 2003. 7(1): p. 41-55.

6——Acitelli, L.K., S. Rogers, and C.R. Knee, The Role of Identity in the Link between Relationship Thinking and Relationship Satisfaction. Journal of Social and Personal Relationships, 1999. 16(5): p. 591-618.

7——霍華德・馬克曼（Markman, H.J）、史克特・史丹利（S.M. Stanley）、蘇珊・布朗堡（S.L. Blumberg）（2004）。捍衛婚姻，從溝通開始（馬永年、梁婉華譯）。台北：財團法人愛家文化。

8 —— Epstein, R., Fall in Love and Stay That Way, in Science American Mind 2010, Division of Nature America.

【註解】

① —— 為顧及隱私與行文順暢，文中所有個案與章首末故事均已經當事人同意改編重新繕寫並經模糊化處理，無可供指認之虞。

② —— 原文為非正式的對話、衝突式的對話，與友誼式的對話，分別對應到「瑣事性溝通」、「議題溝通時間」與「身心親密時間」。

相信雙方都能在愛裏
隨著時光悄悄成長，
就不會因為一次的失望
放棄了可能的發光。

Chapter 3

愛在心碎破滅時

分手後，如何快樂？

許多心理學家都試圖去區分出幾個分手「階段」，
但後來都宣告失敗了，
因為分手哪有什麼具體的階段和過程呢？
大家都是在跌撞中成長、
在哭啼當中重新找回自己生命的意義。
怕的是，你沒有承擔這種受傷的勇氣。

當愛到了盡頭，如何提分手？

——好好說再見的五個步驟

你早就知道兩個人不適合，腦袋很清楚，但身體卻一點也不誠實（怎摸會遮樣～），好多次話都到喉頭了，卻又吞了回去。過往的回憶、他對你好的時候那種溫柔、分開以後的罪惡感、其他人的眼光、交代不完的後續事項等等，你擔心的太多太多，還是苟延殘喘、勉強留在這段關係裡面，相安無事、表面上風平浪靜，最好。

可是，這樣真的比較好嗎（摸摸自己良心）？

有沒有一種可能是，其實你已經在爆炸的臨界點，只是你在等待爆炸的那一天？或者是你已經「太習慣」和他在一起的日子，這使得改變成為一種「不習慣」？

為什麼我們明明知道再繼續下去也是互相耗損，卻不願意當那個先拿起手術刀的人呢？如果你也僵在不知道該不該和他說清楚的邊界，那麼很值得花兩三分鐘來看看這篇文章，或許能夠長出一些些「提分手的勇氣」。

提分手前後，你會遭遇什麼？

網路上有許多「如何走出失戀」的文章，但相對之下「提分手」這件事情，談的人就比較少了。根據過去關於主動分手者的研究，大部分的人在面臨將要提分手這個決定時，會經歷下面種種複雜的狀況：

分手經歷三階段

1 **前**：該走還是該留的掙扎。留在這段關係裡面有一些好處（例如熟悉感），可是也有一些痛苦（例如沒有辦法獲得真正的關愛）；同樣的，離開也是有好有壞，魚與熊掌，所以你才會在這兩個當中徘徊。

2 **中**：當壞人的罪惡感。很多人都不想要當傷害別人的那個人，但反而因為這樣的拖拖拉拉才傷害了彼此。有時候我們會為了逃避罪惡感，而放棄了做決定的權利，但是卻忽略了「不愛了卻不開口」其實也可能是一種壞人。

3 **後**：分開以後的分合反覆。很多人都以為分手是一個時間點，有一個「某月某日某時某分」，但實際上並不是如此。分手是一個過程，當你說出「要分手」之後，到兩個人真正接受這個狀況、到調整好彼此的步調等等……其實會需要一段漫長的反覆。他可能會來哭訴，你可能會心軟挽回，所以分分合合發生的機率並不低（各文獻不同，復合率約百分之四十～七十五）[1]。

好好說分手的五個步驟

那麼，怎樣說分手才不會傷害彼此呢？

怎樣才能夠好好分開，而不會讓兩個人撕破臉呢？就讓我來告訴你——你想太美啦！雖然很多人都想知道「說分手有沒有不傷的方法」，但如果世界上真的存在這種方法，你才真的要感到悲傷——這代表這段關係對你無關痛癢，所以分開並不會讓你或他心痛。許多研究顯示，當一段關係對你來說很重要時，你跟他的分開，會涉及大腦許多認知、情緒以及生活習慣上的斷裂[2]，這樣的斷裂，一定會讓人兩個人產生不習慣的感覺，包括失落、憂鬱與類似疼痛的感覺[3]，為了因應、挽回、修補這種不習慣，我們會做出許多強迫、上癮的行為，或者是歇斯底里的舉動（例如翻找對方臉書、Instagram）[4]。

總而言之，分手其實就是一個「確信要受傷」的過程。

等等，先別急著闔上這本書，其實還是有一些方法，可以讓你在分手的這段路走得微微地容易一些（真的是「微微」地），我把它編成五字訣「確・信・要・受・傷」，並且提供具體可以操作的方法讓你參考：

- **確**（**Ascertain**）：查明自己是否**確**定要分手。
- **信**（**Belief**）：調整自己對分手的**信**念。
- **要**（**Confrontation**）：**要**面對現實。

- **受**（**Acceptance**）：接**受**現在的狀態。
- **傷**（**Embrace**）：擁抱自己的**傷**口。

確（Ascertain）：查明自己是否確定要分手

說明白一點，這就是個「癌症第一期」還是「癌症末期」的評估，也就是主動分手者經常會遭逢的「評估期」。我猜你會想閱讀這篇文章，某種程度上是懷疑這段關係已經走到末期了，但大腦和情緒經常沒有辦法取得平衡，有些時候腦袋明明知道這個人不適合，但又想起過往和他在一起的那些甜蜜種種，想起他對你好的時候還是很好，就會捨不得。老實說這時候沒有別人可以幫你決定，你得自己釐清，這段關係目前給你的是「傷害」比較多，還是「滋養」比較多？

好吧，這樣講起來好像有點不負責任，所以下面還是提供幾個具體可以操作的方法：

1 釐清這段關係的推力和拉力

在這段關係裡面，推力是指讓你很想放棄，覺得無力、覺得這段關係大概沒辦法再走下去的力量，包括他的劈腿、惡言相向、忽視你的需求等等；拉力是指讓你難以放下的種種原因，例如可能跟他共同擁有一些財產、寵物、同居，或者是一些親朋好友社會連結等等，要斷開變得非常困難。當然，在這段關係外面也有推力和拉力，例如最明顯的關係外拉力可能是你喜歡上了其他的人[5]。

2 十年想像

這是我經常喜歡用的技術，想像十年以後等你坐時光機回到現在這個時刻，那個未來的你會給現在的你什麼樣的建議？或者是，想像一下十年以後的你會過怎麼樣的生活？這樣的藍圖裡面有沒有他？研究顯示，當你用「比較遙遠」的觀點來思考時，做出的決定也會比較極端、抽象（我的翻譯：比較順著你的心），但不一定比較「好」[6]。儘管如此，十年想像還是提供了另一種可能性。

這個方法取材自認知治療[7]，對於分手這件事情你可能有很多的擔心、害怕、恐懼和不知所措，這些不確定可能會讓你猶豫躊躇——儘管它們不一定是真的。所以有一個方法可以讓你「回到地球表面」，就是思考兩個人分開之後可能會面臨的種種麻煩的、難過的、難以接受的狀況，然後試著問自己：這些狀況真的會發生嗎（駁斥，Disbute）？如果發生了，我可以怎麼因應（Coping）？

信（Belief）：調整自己對於分手的信念

好啦關於這一點前面已經講一半了，可是因為很重要所以還要再講一遍。許多人對於「提分手」這件事情抱持著不切實際的看法，例如左方表格。

這五個迷思可能沒有窮盡所有的狀況，但概念上都是一樣的：我們都以為分開以後有某一種特定的劇本可以讓兩個人都好好的過，但人際關係是複雜多元

提分手的迷思

迷思	真實的狀況
一定要好聚好散，給彼此最後的溫柔。	雖然我們都不希望互相傷害，但有時候對方就是不肯好聚好散，這時你首先要做的就是保護自己、先給自己溫柔。
說清楚講明白，才不會日後反覆糾纏。	不管你講得多絕、暗示得多麼明顯，對方還是有可能會聽不懂（或者是假裝聽不懂），甚至你有可能也會心軟，並不是所有的講明白，都可以換來一次到位的分開。
分開以後還可以繼續當朋友。	研究顯示有百分之六十三的人都和前任當朋友[8]，但你可能是剩下的四成啊！能夠繼續當朋友當然很好，可是如果這樣的「朋友」會讓彼此產生心理的負擔，或者是有名無實，不如放手讓各自好過。
分開以後要立刻改變兩個人的相處狀態。	懷抱著這個迷思的人可能會很擔心這個「立刻」的改變，而裹足不前、不敢提出分手的決定。但真正的事實是，改變往往是漸進的，不是每一個人都可以一翻兩瞪眼，所以有可能會分分合合、或者是剛分手的時候兩個人還像是情侶一樣，各種可能都有[9]。
不要傷心太久，趕快回到人生的軌道。	很遺憾的，你不但無法控制對方的傷心，有些時候你連自己的傷心都無法控制。你可以決定要不要分開，但你無法決定對方要不要難過，你也不能夠「要求」對方別難過。所以，你固然可以針對這段關係做出一個決定，但對方也可以為他自己的情緒做決定。

的，你大概只能夠替自己做決定，沒有辦法要求對方一定要跟你「好聚好散」。總之「調整信念」的重點就是，你可以跟對方說你要分手，但你不能夠限制他分手之後可以做什麼、或者是不能做什麼。

要（Confrontation）：要面對現實

前面談到分手的前兩個步驟，有一點像是協助你了解現狀。接下來就是面對現實的時候了。這裡的「現實」有很多的意義，包含面對「現在已經不如之前的狀況那麼好」的現實、「害怕開口就會被貼上壞人標籤的現實」等等。透過前面兩個步驟來做心理準備和累積勇氣，這個步驟則想讓你具體地付出行動，不然你看了一大堆書、爬了一堆網路文章，你會發現都沒有用。

一般來說，影響一個人最多的是「行動」的力量，甚至高過於知覺（你的身體感受，如痛覺）、感覺（情緒波動）和理性思考（就是你現在看這些文字，記得或理解到的東西），所以這裡提供幾個「具體行動」的參考策略。

要怎麼面對現實呢？有三個方法：

1 訂定一個確定的時間

有些時候分手之所以難開口，是因為我們不知道要怎麼說，好像現在這樣也還能勉強過日子。你可以設定手機的行事曆提醒，在自己的簿子上面追加這個項目，把它當成一個待辦項目，如果你擔心對方是恐怖情人或是有報復的狀況，可以結伴同行，一方面壯膽，另一方面也避免你「臨陣脫逃」又龜縮回去。

2 確定提分手的方式

一般來說我們當然都會期待兩個人可以好好說、好好談、好聚好散，但如果你清楚自己現在是「說不贏他」的類型，或者是「見到他就會心軟」的類型，那麼見面說清楚並不是一個好的選擇。研究顯示，提分手至少有八種方法[10]（如下圖），你可以同時使用一種以上的方法，例如先跟他說清楚講明白，如果他仍然繼續來騷擾你，可能就要採用「縮小範圍」或者是「退縮」的方式。假若你預

八種提分手的方式

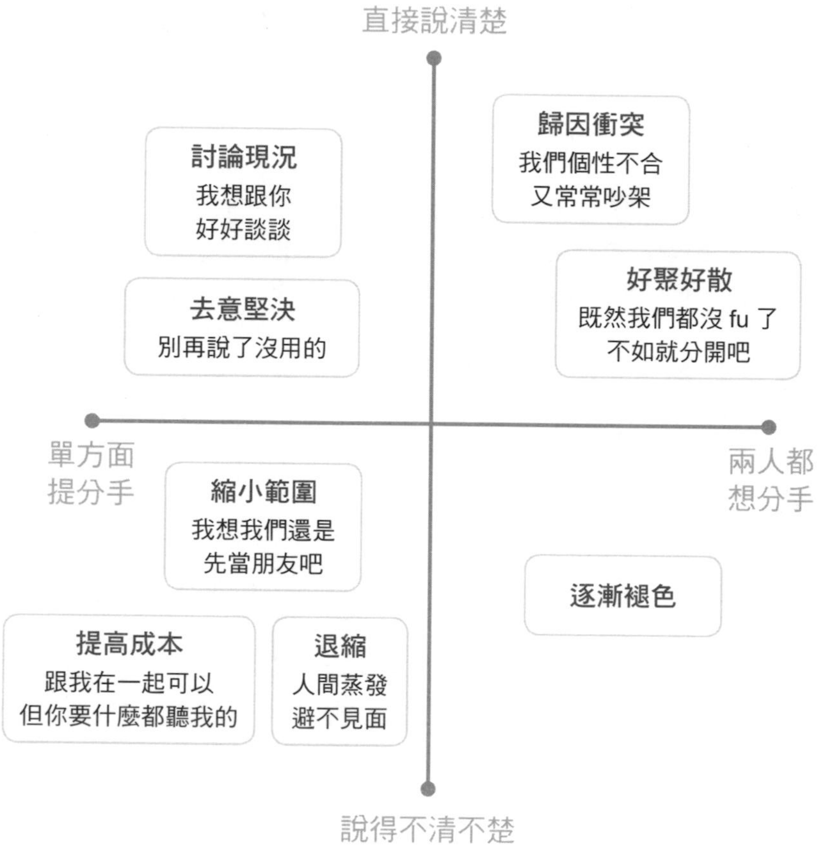
直接說清楚
討論現況
我想跟你
好好談談
去意堅決
別再說了沒用的
歸因衝突
我們個性不合
又常常吵架
好聚好散
既然我們都沒 fu 了
不如就分開吧
單方面
提分手
兩人都
想分手
縮小範圍
我想我們還是
先當朋友吧
逐漸褪色
提高成本
跟我在一起可以
但你要什麼都聽我的
退縮
人間蒸發
避不見面
說得不清不楚

期他可能會做出肢體或者是言語上的劇烈傷害，可能要衡量個安全的方法來提分手，朋友的陪同一樣是一個好的選擇（不過切記，不要找你的紅粉知己，不然他可能會把攻擊的目標轉移到那個人身上噢～）。

3 改變生活習慣

如果上面的做法對你來講太過強烈了，你還不敢跨出這一步，那麼這裡有一個傷害性比較小的方法，就是先分開居住。很多夫妻在離婚之前會經過這個階段，先讓自己心境和身體與對方有一些隔離。這個隔離雖然有時候很難捱，但也有非常多的好處——

1 劃分出心理界線。

2 體驗沒有他也能夠好好過的日子。

3 感覺一下自己生活的「爽感」。

針對第三小點，在這裡特別要講一個朋友的例子，她為了跟老公分手，好幾次都拿著離婚協議書發呆，從抽屜裡面拿出來，又放回抽屜，反反覆覆了好一陣子。最後真的讓她下定決心的，是某一次她毅然決然在爭吵的時候決定回娘家住一個禮拜，她說那一個星期是結婚五年以來，最放鬆、最快樂的日子。那天之後，她就立刻簽了字，兩人就此分開。

受（Acceptance）：接受現在的狀態

一段關係的結束（即使分手是你提的）是一件令人難受、而且也難以接受的事，在這當中，你可能會需要接受一些「你從來沒想過的矛盾」，包含：

- 接受從此以後你的生活不再有他相伴左右。
- 接受你可能會有段漫長的悲傷罪惡的階段。
- 接受對方可能會有一段時間的盧小小糾纏。

如果你是在這段關係當中受傷（例如對方劈腿、背叛）的一方，那麼可能要接受分開以後有很長一段時間會有創傷後的症狀。接受「分手」這個決定需要一段時間去實踐，而不是在某一個時間點之後兩個人就可以完全斷絕關係。

所以，在這個過程當中，試著接受上面這些種種複雜的狀態，不要批判、也不需要壓抑自己的感覺，就讓狀況自然的發生。說起來簡單，做起來其實非常不容易，所以還有一種最深層的接納哲學是：**接受自己「暫時還不能夠接受」這件事。**

傷（Embrace）：擁抱自己的傷口

很多人都以為，分開以後，提分手的那個人不會受傷，但事實是，兩個人都會受傷，只是主動分手的人在分開之前的一段時間可能就已經開始先難過了。還有一種可能是，如果你是過度壓抑的人[11]，可能剛開始的時候「沒什麼特別的感覺」，但分開一段時間會出現一些特殊的症狀，例如像平常一樣若無其事地坐著卻不知不覺開始掉眼淚，或者是因為過度忽視自己的情緒，反而形成一種很空虛的感覺，覺得自己心裡有個洞、空空的等等。為了避免這種狀況發生，在分開以後也要有一段時間來安撫和擁抱自己的傷口，讓自己能夠進入悲傷的狀態，並且好好的和悲傷相處。下面是幾個你可以參考的方法：

聽聽歌：好啦，我知道這個我沒有講你就在做了，有的人可能會問說要聽快歌還是聽慢歌好，但我的想法是：快歌慢歌，能舒緩自己的情緒的就是好歌。

書寫日記：你大概已經在一百本書上面看到這個方法了[12][13]，但是你懶得動筆，不是因為你字醜，而是因為你覺得寫字需要花費很多的力氣、挑一枝好的筆、還要找好看的筆記本等等，結果裹足不前。現在恭喜你可以不用這麼麻煩了，你可以利用電腦的word、或者是用手機的筆記本，直接用語音輸入也是一種選項（現在就打開App來試試看）。

允許自己悲傷：這聽起來是很唬爛又膚淺的一句話，但是非常重要。當你感覺到自己有一點不舒服、想要掉眼淚、很難過的時候，你可以找一個不被打擾的房間，讓自己好好的哭一場。如果那個時候的空間不允許，你可以告訴自己晚上回家可能十點到十一點的時間是你的悲傷時間，到浴室裡面假裝淋浴和蓮蓬頭一起大哭。如果上面這些你都做不到，甚至想哭但是哭不出來，那麼你只要簡單而緩慢地重複這句咒語就可以了：**「我允許自己悲傷、我允許自己悲傷、我允許自己悲傷」**，因為很重要所以講三遍。

「離開」這條路，從來沒有捷徑

要告別一個對自己來說很重要的人，那種心酸和難過的感覺，並不是言語能夠形容的。許多心理學家都試圖去區分出幾個「階段」，但後來都宣告失敗了，因為分手哪有什麼具體的階段和過程呢？**大家都是在跌撞中成長、在哭啼當中重新找回自己生命的意義。怕的是，你沒有承擔這種受傷的勇氣。**

但儘管是這樣也沒關係，每個人都有他自己的時間，有些時候勇氣本來就是需要時間累積的，當你還沒有決定好要離開他，或是決定好了不知道要怎麼開口告訴他，甚至告訴他了，卻還是不爭氣的又回來了，這一切的一切都是過程，沒有對錯，也不需要責怪自己。

旁邊的人可能會罵你笨、笑你傻，但當他們深陷其中的時候，應該也是和你一樣笨一樣傻，那些說這些話的人捨不得你和他們經歷一樣的痛苦，所以急著要把你拉出來，**但不管別人怎麼說，你都擁有自己的時間**。

如果看了這麼多，你還是不知道該怎麼做，那麼第一件事情或許是：「先試著承認和感受自己的痛苦」，試著閉起眼睛，感覺一下現在的自己到底有多痛、多難受、多沒有辦法繼續這段關係，一旦這個痛苦慢慢蔓延，解藥就會從當中逐漸出現。

當你真正願意涉險進入苦痛，才能夠從苦痛裡面走出來；**當你願意承認和允許自己悲傷，這樣的悲傷，也會給你力量**。

【延伸閱讀】

1 —— Dailey, R. M., Pfiester, A., Jin, B., Beck, G., & Clark, G. (2009). On-again/off-again dating relationships: How are they different from other dating relationships? Personal Relationships, 16(1), 23-47. doi: 10.1111/j.1475-6811.2009.01208.x

2 —— Fisher, H. E., Brown, L. L., Aron, A., Strong, G., & Mashek, D. (2010). Reward, Addiction, and Emotion Regulation Systems Associated With Rejection in Love. Journal of Neurophysiology, 104(1), 51-60. doi: 10.1152/jn.00784.2009

3 —— Kross, E., Berman, M. G., Mischel, W., Smith, E. E., & Wager, T. D. (2011). Social rejection shares somatosensory representations with physical pain. Proceedings of the National Academy of Sciences, 108(15), 6270-6275. doi: 10.1073/pnas.1102693108

4 —— Muise, A.M.Y., E. Christofides, and S. Desmarais, "Creeping" or just information seeking? Gender differences in partner monitoring in response to jealousy on Facebook. Personal Relationships, 2014. 21(1): p. 35-50.

5 —— Levinger, G. (1965). Marital Cohesiveness and Dissolution – An Integrative Review. Journal of Marriage and the Family, 27(1), 19-28

6 —— Liberman, N., Sagristano, M. D., & Trope, Y. (2002). The effect of temporal distance on level of mental construal. Journal of Experimental Social Psychology, 38(6), 523-534. doi: 10.1016/s0022-1031(02) 00535-8

7——R.Corsini、D.Wedding（2000）。認知治療（朱玲億等譯）。載於：當代心理治療的理論與實務。（頁361）。台北：心理出版。

8——詳參此文整理：海苔熊（2014，August 4）。七夕分手潮：我們還能當朋友嗎？。PanSci 泛科學。Retrieved May 1, 2018 from pansci.asia/archives/64510

9——Dailey, R. M., Rossetto, K. R., Pfiester, A., & Surra, C. A. (2009). A qualitative analysis of on-again/off-again romantic relationships: "It's up and down, all around". Journal of Social and Personal Relationships, 26(4), 443-466. doi: 10.1177/0265407509351035

10——Baxter, L. A. (1984). Trajectories of relationship disengagement. Journal of Social and Personal Relationships, 1(1), 29-48.

11——蘇益賢（2018）。練習不壓抑。台北：時報文化。

12——約翰・詹姆斯（James, J. W.），羅素・傅里曼（Friedman, R.）（2011）。一個人的療癒：真正的放下，是你不介意再度提起（The Grief Recovery Handbook: The Action Program for Moving Beyond Death, Divorce, and other Losses including Health, Career, and Faith）（林錦慧譯）。台北：大是文化。

13——海苔熊（2015）。暖傷心：癒療失戀的十五個練習。桃園：大真文化。

離開一個人最痛的不是告別本身
而是有一些你放置在他身上的靈魂
你得收拾好帶走。

◎海苔熊專欄

分開以後當朋友？

——最讓人氣餒失落的假性朋友關係

這份數據主要根據先前我收集的一份資料，此份資料共統整了一百一十四份有效問卷，其中包含二十三位男性及九十一位女性，以「分手後，你和他是什麼關係？」為主題進行調查，共分為十種類型：

①夢一場空：我跟他完！全！沒！聯！絡！

②恨之入骨：我恨死他了，根本不可能當朋友。

③人間蒸發：我們幾乎沒聯絡，一方或雙方都已讀不回、相對冷漠。

④口頭朋友：變成「口頭上的朋友」，很少見面彼此都不聯絡。

⑤假性朋友：雖然他說還可以當朋友，但我明顯感覺到他的疏遠。

⑥稍疏朋友：我們話都沒說死，雖然仍是朋友，但我覺得這樣會斷不乾淨，所以我避免聯絡他。

⑦被動單面：他還想跟我當朋友，但我不想跟他聯絡了，他一直試圖維繫關係，我比較被動。

⑧主動單面：我想跟他當朋友，一直試圖維繫關係，但他不想。

⑨似戀關係：其實，我們雖然分開，卻還做著交往時會做的那些事……

⑩正常朋友：我們現在是很要好的朋友，還會見面跟出去，也不覺得尷尬。

其中，「明明說要當朋友，分開以後卻不遵守承諾」的假性朋友關係（雖然說還可以當朋友，但他可以明顯感覺到你的疏離），最讓人感到氣餒失落，分手後症狀最多（無法專心，重複思考你跟他的關係，像是在繞圈圈、花很多時間去想辦法，到底要如何挽回對方，例如換打扮、改脾氣、退讓一些堅持、讓他去做他想要的事情、給他多一點自由等等，見下系列圖）。所以如果你做不到，就不要這樣說嘴。

十種類型的分手後症狀比較

下圖的縱軸代表分手後症狀，包括花很多時間去思索到底要如何挽回對方，是要換打扮、還是改變脾氣等等。

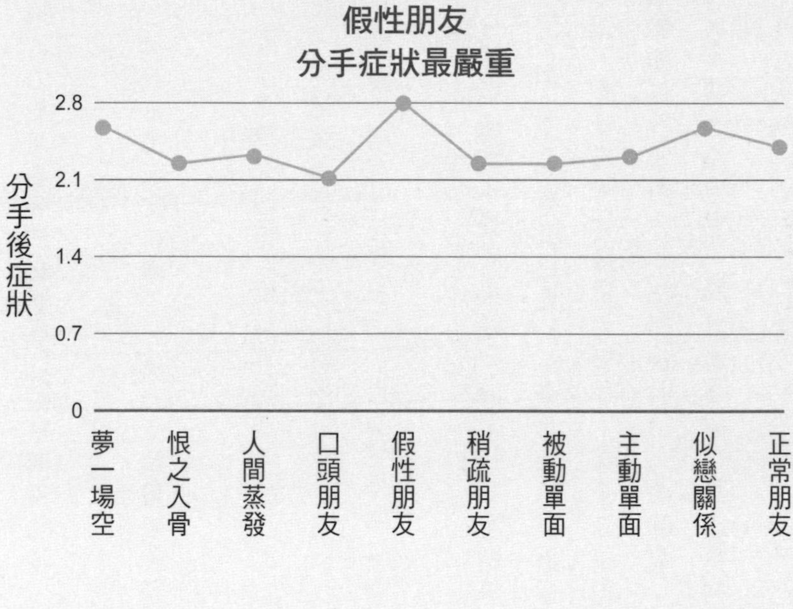

十種類型的生活滿意度比較

下圖的縱軸代表生活滿意度，從圖中可以發現：夢一場空、被動單面、正常朋友的類型，對分手後生活滿意度較高，恨之入骨與假性朋友的狀態則較易對生活不滿。

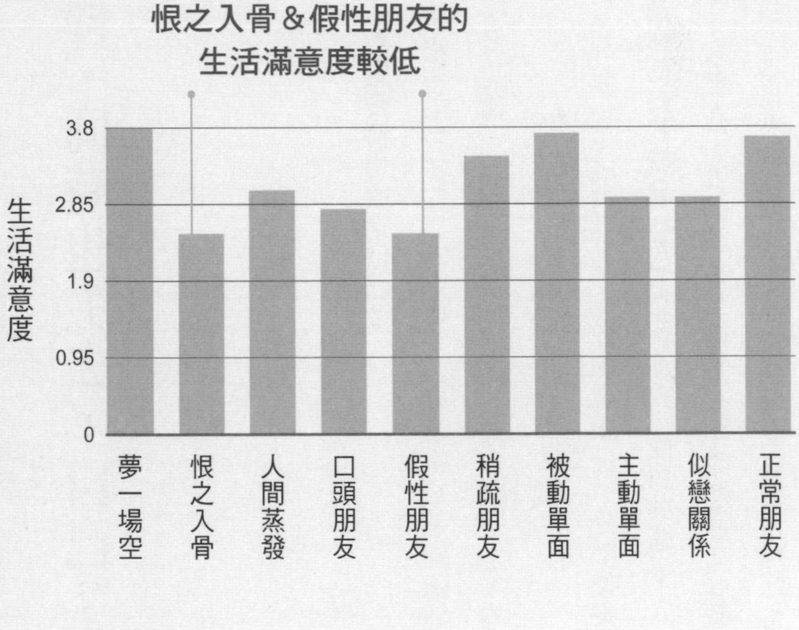

為什麼失去了關係，同時也失去了自己？

——分手後的情傷與課題

為什麼我們會愛得這麼痛苦，放棄愛情也放棄自己？

愛情心理學家艾麗卡・B・斯洛特（Erica B. Slotter）、溫蒂・L・迦德納（Wendi L. Gardner）、伊萊・J・芬克爾（Eli J. Finkel）曾於一篇二〇一〇年的文獻中[1]試圖回答這個問題。

他們回顧了過去有關分手的系列研究，發現一個一致的現象是：**分手帶來的心理創傷，有很大一部分是因為你的自我概念（self-concept）受到動搖了。**

想當年她說我唱歌很像光良，我們在台北的許多公園唱了很多浪漫而好聽的歌，現在我只能懷疑我的歌聲根本不是光良而是兩光；當初她說我傻傻地好可愛，現在我開始擔憂我是不是因為太傻了而沒人愛；曾經我們在海邊奔跑，在夕陽下許願，在夜空下數星星，他說我的睫毛好細好像星星的眼睛，現在我只能惆悵那是一顆逝去的流星……奇怪了，我還是我啊，為什麼她離開，我卻開始懷疑起我的存在？

村上春樹在《人造衛星情人》裡曾經說過（具體的文字我有點忘了），我們生來都只有一隻翅膀，好不容易找到另一半願意與我們攜手飛翔，離開之所以難耐，在於一方要把這緊緊地相依的心與翼硬生生拆開Say Goodbye。

當你浪漫地用右手輕輕地抬起對方下巴，說「You complete me……」的時候，你同時也將生命中一部分維持自我完整性的權利，交給了對方。換言之，**能完整你的人，也能崩潰你**。

在艾麗卡・B・斯洛特等人的失戀研究中，收集了六十九個西北大學（Northwestern University）學生長期的自我清晰度。結果發現，一般而言個體的自我清晰度會隨時間漸增，但在剛分手後（平均分手時間是調查後二～三個月）這個清晰度會驟降，並且持續地下降。這些傷心人（有二十九位）開始懷疑自己是誰、擔憂一些以往不會擔憂的事情、傾向認為自己的未來會是一團混亂等等。

換言之，當我們愛上一個人的時候，就要有受傷的心理準備。因為我們是如此地無防備，褪下全身的裝備，以全部的生命彼此擁抱，用彼此的體溫取暖。這也意謂，後知後覺，很後來很後來才發現對方心已不在的人，要忍受一段時間的飢寒。

真的這麼慘嗎？難道分手一時就注定痛苦一世？那你是怎麼走出情傷的？

親密關係專家泰・田代（Ty Tashiro）與派翠西亞・A・弗拉澤（Patricia A. Frazier）[2]在二〇一三年發表了一篇題目饒富趣味的論文（I'll never be in a relationship like that again），他們主張，分手是兩面刃，它雖然讓人心傷，但也可能帶動自我成長。所以問題就變成：為什麼有些人分手會成長，有些人分手會耽溺於哀傷？

提分手的人真的比較不難過嗎？

在泰・田代與派翠西亞・A・弗拉澤所進行的有關分手後成長（personal growth following romantic relationship breakups）的研究中，調查了九十二個經歷分手的大學生，他們想知道是怎樣的人格特質、怎樣的信念、怎樣的分手後調適，造成差異。結果發現，神經質性格（neuroticism）的人經歷更多的憂鬱、隨和的人（agreeable）經歷較少的憂鬱；不論你是不是提分手的人、不論男女，都是會難過。但是，女生比男生有更多的自我成長（personal growth）。

「我幾乎忘記朋友有這麼重要……」

「我現在有更多的時間陪家人、朋友。分手後才發現，原來我冷落他們這麼久……」

為什麼女生在分手後成長比較多？

泰・田代與派翠西亞・A・弗拉澤認為，分手之後女性願意索求更多社會支持等資源，與許多人聊過之後，使她們感受到自己是在成長、在改變的（雖然一般而言她們並沒有比較不哀傷）。

事實上，一項令這兩個研究者感到驚訝的發現是，雖然在**交往的時候**，將過錯歸因於不穩定的外在環境因素會有較好的關係滿意度（他這麼晚沒打來一定是因為忙期中考），但是**在分手後若將分手原因歸咎於外在因素（壓力、工作、朋友看衰）的人，卻會感受到更多的難過與憂鬱——不過值得注意的是，她們也是成長最多的人。反之，若將分手原因歸咎於對方或自己，分手後不但較不能成長，心情也沒有比較好。**

心理學家保羅．A．布倫（Paul A. Boelen）與阿爾伯特．賴因特耶斯（Albert Reijntjes）[3]也支持這樣的說法。他邀請七十九位分手兩個月以上的人填寫認知詮釋的問卷，發現分手後的人比一般人對於自己、世界、生活、未來感到更為負面，較多的自我批評、毀滅性的信念、更多的憂鬱和焦慮。

其中，「對自己抱持著負面看法，與對事件抱持著災難性的錯誤詮釋」的人，傾向有較多的憂鬱、遺憾和焦慮；而可能如你所預期的，已經交到新男／女朋友的人比較不憂鬱。

這些研究不約而同的說明了一件事情：分手之所以傷很大，是因為它威脅到我們的自尊、我們的存在、我們對自己的建構；而我們之所以能從中成長，是因為從這些負面的情緒中，重新定義自己，重新學習如何愛人，如何被愛，如何找到愛自己與自己愛的人。

說得比唱得好聽，這些我都知道，但是分手的時候，為什麼我答應自己不再愛他、希望自己不再哭、不再讓眼淚濡濕被褥，悲傷卻仍不止步？心理學家會告訴你，那是因為你還依戀著他。你會說這不是廢話嗎？不需要心理學家講我也知道。

許多時候心理學家的確是在研究大家早就知道的事情，不過更多時候我們希望知道這件事情是真的嗎、為什麼會發生、在什麼情況下會發生等等。

所以應該要回答的問題是：那究竟是怎樣的一種依戀呢？為什麼他明明很壞，我卻捨不得離開？要回答這個問題之前，我想先問的另一個問題是：**被人甩的那一個瞬間，你會問的第一個問題是什麼？**

如果你們過去的關係都沒有什麼異狀，那麼你很可能會問的問題是：「不是都好好的嗎？怎麼突然變這樣？」心理學教授希蜜娜・B・阿里亞加、傑森・T・里德（Jason T. Reed）、溫德・古德弗蘭德（Wind Goodfriend，我懷疑他是不是被發太多次好人卡自己去改名字的）與克里斯多福・R・阿格紐（Christopher R. Agnew）[4]就透過長期追蹤發現，「一直以為沒問題」的情侶，比起那些「知覺到兩人的承諾感有所高低變動」的情侶更容易分手。換言之，**「自以為一直都好好的」只是兩人關係缺乏變化的偽裝**。

除了這個問題之外，你可能還會問很多其他無止境的問題。但你知道嗎，很多時候我們問的那些問題要的不是答案，而是希望「他能夠回來」。事實上，分手的時候我們總喜歡問原因，是因為我們無法忍受不能歸因的負向事件發生在自己身上，這種不可控制感讓我們對世界產生不安。

心理學家凱莉・A・索倫森（Kelly A. Sorenson）於一九九三年發表的一項失戀研究[5]也證實了這個說法。她想知道人到底要怎樣才能度過分手後的悼念期，又是什麼因素，使得這個悼念期一直沒有結束，一直掛念，一直掉淚，一直恨對方卻又忘不了對方。結果發現，這些一直服膺感情喪的人，並不是「不知道」

分手的原因，更多的時候他們早就知道分手的原因，只是「不能接受」。而那些走出失戀陰影的人則做出比較不一樣的事，他們像是把記憶放在盒子裡彌封起來一般，形成一種心理上的結束感（psychological closure/need for closure），對「分手」這個事件有一個完整的歸因。

「其實我一直都知道，我們的感覺漸漸淡了。每天中午相約吃飯，卻不知道要聊些什麼。我一直都知道，只是不願相信，感覺是來得快，去得也快。」

同樣的，心理學家阿德里爾・鮑爾斯（Adriel Boals）與凱蒂・克萊恩（Kitty Klein）於二〇〇五年發表的一篇論文中[6]也發現，無法區分「事實」與「情緒」的人，傾向把記憶與負面的情緒作結合，傷得最久最重。阿德里爾・鮑爾斯認為，這些人就像心理學上常提到的創傷後症候群（post-traumatic stress disorders，PTSD），將分手視為一種巨大的創傷，傾向把對方或自己看得很糟、認為這段感情不值得、嘲笑自己傻、覺得過去的幸福都是假象、只看到悲傷負向的一面，忽略了兩人曾經在寒冷的夜相依偎著煮暖暖的泡麵。也就是說，爭吵時的激烈情緒，窩在棉被裡落下的眼淚，生氣時猛捶的牆壁與疼痛的拳頭，掩蓋了曾經幸福的滋味，痛苦把共享過的溫暖帶走，想起的全是難過與傷悲。這樣的一種創傷記憶，讓這些人痛更久。

分手後是不是不能再當朋友？

如果沒有辦法再當情人，那有可能繼續當朋友嗎？心理學家茱蒂・柯尼吉・凱拉斯（Jody Koenig Kellas）、道恩・畢恩（Dawn Bean）、切拉卡・康寧漢（Cherakah Cunningham）等人曾於二〇〇八年在一篇名為「舊檔案：分手後的轉捩點」的文章中試圖回答這些被問到爛的問題[7]。他們認為我們不應該如此悲觀的看待分手後的關係（post-dissolutional relationships，PDR）。

茱蒂・柯尼吉・凱拉斯等人追蹤一百七十四位分手後的傷心人，請他們描繪在各個不同時間點時對前伴侶的看法。典型的轉捩點有：

- **尷尬期**：不知道要跟對方說什麼。
- **自私期**：看到對方與新伴侶互動會莫名的嫉妒憤怒。

● **騷擾期**：一直打去問清楚，其實事實早已清楚。

● **低潮期**：關在家裡不想見人。

雖然在分手初期大部分的人都會對對方形成負面的看法（這樣才能分得開），但是那些分手後關係品質比較好的人，會在這樣的傾向跌到谷底時，慢慢地回溫，開始覺得對方也沒有那麼壞，漸漸看到對方的好，感謝他曾陪伴自己的歲月，以新的身分開始關係。

反之，一直恨對方、不能諒解、在心裡還有疙瘩的人，雖然表面上表現出較少分手後的調適困難，卻難以再和對方平和相處當朋友。

當然，如你所預期的，最糟的人是分手後初期仍然一直**想著對方的好**的人。因為我們總是想不透，他那麼好、那麼可愛、那麼多夢想，為什麼要離開我？然後開始歸因到一定是自己不夠好、否定自己。

路走到這裡，就會很難再走出去。那麼，究竟要如何走出這個死胡同呢？提供一個想法是：**為什麼分手後還要當朋友呢？你是真的很想跟他當朋友，還是**

這只是「退可守」的一種非理性思考，實際上還是想著有一天是不是又能再變回情侶？

先點到這裡，拉拉雜雜地講了很多，只是想說明，當我們一邊落淚一邊聽著梁靜茹的歌，一邊懷疑分手如何快樂的時候；當我們一邊翻著分手療傷書一邊咒罵根本沒有用的時候，當我們經過有回憶的地方，心頭一緊的時候，是不是能靜下心來想想，回顧造成這些方法沒有效的背後大魔王，讓我們至今仍無法釋懷的大石頭，是我們無法接受自己「已經分手」的事實與「為何分手」的原因。

擁抱傷口並不能帶走寂寞。走出傷痛的第一步就是重新接納自己、承認自己還有一點點愛人的能力。直到有一天你會發現，一年前你還為了某個他而心痛，一年後的今天你可能已因另一個他而心動，儘管你清楚明白，後來的那種心動永遠也弭平不了先前的那種心痛。**不過，當那些微微的痛感隱沒在我們心瓣膜間的縫隙，正是彼此真心愛過的痕跡。**

【延伸閱讀】

1 —— Slotter, E. B., Gardner, W. L., & Finkel, E. J. (2010). Who Am I Without You? The Influence of Romantic Breakup on the Self-Concept. [Article]. Personality and Social Psychology Bulletin, 36(2), 147-160.

2 —— Tashiro, T. Y., & Frazier, P. (2003). "I'll never be in a relationship like that again" –Personal growth following romantic relationship breakups. Personal Relationships, 10(1), 113-128.

3 —— Boelen, P. A., & Reijntjes, A. (2009). Negative cognitions in emotional problems following romantic relationship break-ups. Stress and Health, 25(1), 11-19.

4 —— Arriaga X.B., Reed J.T., Goodfriend W., Agnew C.R. (2006). Relationship Perceptions and Persistence: Do Fluctuations in Perceived Partner Commitment Undermine Dating Relationships? Journal of Personality and Social Psychology, 91(6), 1045–1065.

5 —— Sorenson, K. A., Russell, S. M., Harkness, D. J., & Harvey, J. H. (1993). Account-making, confiding, and coping with the ending of a close relationship. Journal of Social Behavior and Personality, 8(1), 73.

6 —— Boals, A., & Klein, K. (2005). Cognitive-emotional distinctiveness: Separating emotions from non-emotions in the representation of a stressful memory. Memory, 13(6), 638-648.

7 —— Kellas, J. K., Bean, D., Cunningham, C., & Cheng, K. Y. (2008). The ex-files: Trajectories, turning points, and adjustment in the development of post-dissolutional relationships. Journal of Social and Personal Relationships, 25(1), 23-50.

試著去看見過去的這段愛中
自己成長及學到了什麼，慢慢
就能開始感謝，那些出現
在你生命中的安排。

為何會一直夢見他？
——走出心中那個大魔王的陰影

你有遇過「大魔王」嗎？那個你一直很想要放下、想要遺忘，但是過了好多年，他仍然在你心裡不曾離去的人。他可能是你的初戀情人，也可能是你愛得最深的人，更可能是做出一些很渣的行為，讓你覺得懷疑自己、懷疑人生的人。

你可能因為他，產生了一些認知上的不安全感：

- 不知道是否還要再繼續相信愛情。
- 開始對「對你示好的人」有所戒備。
- 有時候閒下來一個人，會想起自己是多麼的不值得。
- 明知道不值得花時間在他這個人身上，闊別這麼多年，你還會不斷地關注他的社群動態。

甚至夜裡，你還會夢見他。

是什麼樣的魔力，讓他具有這樣的身分與威能，霸道地占據你的人生？又為何已經過了這麼久，你心中還有一塊地方，為他保留著、住著他的靈魂？

反覆出現的夢境

就拿前面的最後一點來討論好了，當你反覆夢見同一個人，其實往往象徵著他在你的心裡還沒有「結束」[1]。從完形治療的角度來看，或許關於他的拼圖，你還少了好幾塊，那些在白天你所壓抑的、要自己不要想的、憤怒的、難過的，都被藏到潛意識裡面，到夜裡，才一次出現，反覆溫習。

比方說，你覺得你們的分開，他欠一個道歉，所以你的心靈時間就會停留在當初你們分開的那一個時間點，反覆的重演一些來不及、做不到、他想要道歉但是卻說不出口的畫面，夢裡的你很努力的想要補足你當時沒有完成的空隙，在你還沒有放下對他的依賴與感情之前，重複雷同的畫面會不斷地出現，這也意謂，**你跟他之間至少有一個情緒還沒有被理解體驗，所以夢境才會在深夜裡讓你「身歷其境」**。

很多人會夢到「來不及」。可能是來不及說再見、來不及說道歉、來不及在他劈腿之前就先發現、來不及阻止自己的情緒爆發等等。而這一個又一個的來不及，變成了你生命裡面的一種「未竟」（unfinished business）[2]，你透過一次又一次的夢見，一次又一次的體驗，讓自己不斷地經歷這個情緒的能量點，直到這個能量慢慢消退，他才不會繼續在你夢裡出現。

所以，如果分開以後至今，你還會偶爾夢見他，請不要自我責備，因為這是你的身體嘗試要痊癒的方法。你可以多和別人討論你的夢境，找人說一說你那個沒有解決的情緒（嗯，可能要慎選一下對象，不要找那種一開始就會有成見、批評你的人）。直到某一天，這個夢境就會像老掉牙的故事一樣，漸漸的你發現你不太需要再重複的講它、不太需要在夢裡面重演這些劇情，那麼這也代表，那個情緒慢慢地消退了[3]。所以，**如果你希望這個大魔王在你心中的影子慢慢地縮小，每當你夢見他的時候，請不要責備自己，因為自我苛責只會讓情緒再覆蓋上更多的情緒**[4]。

讓大魔王變小的三個方法：寫信、錄音、傳訊息

一些心理學的研究認為，「心理儀式行為」（Psychology of Rituals）有助於當事人調節情緒、建立連結、度過生命當中某一些重要的關鍵時刻[5]。這就是為什麼我們需要婚禮、葬禮、抓周等民俗活動儀式。所以，當那個大魔王在你的內心紮營定居，你要做的並不是趕走他、要求自己別想起他，這樣反而會有反效果，而是如同前一個章節所說的一樣，**你可以好好的跟他告別**，把那些沒有說完的話、還想抱怨的事情、還有他一直以來對你的影響，都寫在信裡面告訴他。若覺得拿筆寫信手會很痠很麻煩，一想到就很懶，這裡有幾個「變形」的方式：

- 拿出手機的記事本，直接用手機輸入（也可以用語音輸入）。

- 拿出手機的錄音機功能，用錄音的把想說的話都告訴他。可以是埋怨他的話、討厭的話、或者是無法原諒自己的話都沒有關係，給自己十分鐘的時間，把情緒全部都倒出來。
- 打開通訊軟體，傳訊息給自己（許多通訊軟體都有傳訊息給「自己」的功能）。想像自己是自己的好朋友，跟他傾訴這個人在你心中的份量、那些沒有解決的情緒等等。

或許你一直在糾結到底要不要再聯絡他、或許你一直擔心再碰到跟他有關的事情，又會激起更多的情緒，可是你們之間卻有一些還沒有解決的事情，讓你一直掛在心上，所以透過上面這些方法，可以**協助你在不接觸他的情況下，仍可以接觸自己的情緒**。

魔王，其實就是你內心的陰影

從榮格心理學的角度來看，一個人之所以會變成大魔王，或多或少都是因為他反映了你內心當中一個最陰暗的部分，他可能把你最匱乏的地方給補起來了、他可能曾經是你最嚮往的那種人。而這個巨大的「陰影」（shadow），對於目前的你來說，仍然是你所匱乏、渴望或者厭惡的。

這個概念有點難理解，讓我舉例說明。比方說，你先前和一個很大男人主義的人在一起，你明明很討厭這樣的人，可是卻還是被他控制得無法自拔。經過一番仔細思索之後，你終於明白，那種「好習慣又好討厭」的被控制感，背後也有一種**被保護和照顧**的溫暖——這是你一直渴望父親能夠給你，但是他從來沒有給你的。換句話說，大魔王只是在填補你早期親密關係裡的失落，他曾經給你最美好的，也曾經給你最痛的，你想要保留著那些美好的回憶，但卻不想要那些痛苦的部分，很可惜，記憶並沒有辦法被處理，所以最後你選擇把這些好的跟不好的都保留下來，繼續讓自己「享受其中」，但又痛苦萬分。

「我很怕我如果放下了，就再也遇不到一個跟他一樣的人了。」

「我知道他現在活在我的記憶裡面，可是我不忍心把這個記憶刪除，因為如果刪掉了，連同那些美好的部分也會一起消失了……」

有人跟我說，其實他們很清楚自己為什麼還放不下他，其實並不是因為期待著有一天還能夠跟他繼續交往，而是**在心裡面那個美好的部分，還沒有辦法隨著關係的結束而消亡**。

那該怎麼辦呢？我的想法是，既然大魔王是你內心當中所投射出來的一個陰影，那麼就沒有消滅他的必要性。你所需要做的只是讓他的影響力慢慢變小、或者是**接納他就是存在那裡**。當你能夠接受有影子在的地方就有魔王，有一天你會發現，那個一直以來你所無法忘記的並不是那個大魔王本人，而是你內心中，關於他的投射。當你試著去擁抱這個魔王，或許你會從淚眼汪汪當中，找到新的、前進的希望。

【延伸閱讀】

1——武志紅（2019）。夢知道答案，台北：寶瓶文化。

2——Sharf, R. S.（2013）。完形治療：一種體驗式的治療（馬長齡、羅幼瓊、葉怡寧與林延叡譯）。載於：諮商與心理治療。（第2版，頁227-268）。台北：心理出版。

3——Richo, D.（2013）。當恐懼遇見愛（曾育慧、張宏秀譯）。台北：啟示。

4——弗雷德里克・方熱（Frédéric Fanget）（2017）。從自我苛求中解放出來：與你內心的聲音對話，擺脫猶豫不決、抑鬱、焦慮不安的分身（JE ME LIBERE）（周行譯）。台北：采實文化。

5——Hobson, N. M., Schroeder, J., Risen, J. L., Xygalatas, D., & Inzlicht, M. (2018). The psychology of rituals: An integrative review and process-based framework. Personality and Social Psychology Review, 22(3), 260-284.

當你擁抱記憶裏的魔王
或許就可以在淚眼汪汪之中看見曙光。

分手就該馬上尋找新對象？

——重新解讀「別為了一棵樹放棄整座森林」

如何離開一個讓你痛苦萬分，卻又難以放下的人？

這是一個好難、好難、好難的問題（因為很重要所以要講三遍），你已經在他身上投入了這麼多的時間，兩人之間的關係時好時壞，有時候可能還會有第三個人的存在，或者你根本不知道還有沒有第三個人，就像是一張被套牢的股票，**你有多少的不甘心，對放手就有多大的恐懼**。

為什麼你無法離開？

以前的話我就會說，根據社會心理學專家卡里爾・E・拉斯布特的經典投資理論（investment theory of relationships）[1]：

- 你投入（時間、金錢、青春）得越多、關係品質越好，你就越難離開；
- 你投入的時間很多，可是並不滿意這段關係，就會開始有點猶豫到底要走還是不要走；
- 如果這個時候有一個「其他可能的替代對象」（簡單地說就是另外一個關心你的人），或許就會加速你的決定過程，或者至少減少你的痛苦。

上面這三段，聽起來是不是很有道理？但後來我慢慢發現，從心理學家的角度來解釋「無法放手的感情」有一個很大的bug——就是研究或者是數據，並沒有辦法很能夠「同理」每一個在這段痛苦當中的人，不論這個苦主是第三者、元配、甚至是劈腿者，**每一個人都有他的痛苦，但每一個人也都有他的投入**，所以就算是理性上知道了很多，常常還是會擺盪在「要繼續還是要離開」之間。

在這樣的一種時候，**當事人真正需要的並不是你告訴他上面這個理論，而是能夠「和他的不甘心站在一起」**。

可以想像這種情況嗎？**你在一個人身上花了五年、十年、甚至更久的時間，久到你都忘記你忍耐這麼久了，透過不斷地自我說服跟自我催眠，你才能讓自己繼續留在這段關係裡面**，你知道這不是最好的方法，但是如果失去這段關係，就什麼都沒有了，那該怎麼辦呢？

有自己的生活

你大概在很多不同的地方都聽到，如果你在一段不滿意又放不下的關係裡，無法離開，那麼就要有「自己的生活重心」。可是，大家都過著自己的日子，每個人都有自己的難題，你已經有這麼長的時間都花在這段關係上面了，有好多事情跟他有牽連，甚至因為「這個人」，有好多原本你會跟朋友談的話題，現在都沒有辦法再說了。

書上總是勸告「不要為了一棵樹而放棄了整座森林」，我想大家都誤會了，**以放不下的感情來說，真正的句子應該是「不要為了一朵花而放棄了整座森林」，如果你在意的他是「花」，那麼這裡的「森林」指的並不是其他可能的對象（其他的花），而是你的朋友們**。意思是說，你當然可以繼續在意他，你心裡可以繼續擁有這朵花，但是別忘了在這朵花以外的世界，你還有很多的森林、很多關心你的朋友。

一般來說，如果你沒有可以打從心底支持你、無條件接納你的朋友，那麼你就會繼續依賴在這段關係當中，飲鴆止渴。畢竟對方可能是你目前唯一重要的社會支持。為了避免這種狀況，一件很重要的事情是：**找一個可以陪伴你、又不會批判你的人**。

在一段消磨的感情裡面，最可怕的是跟這個人在一起必須削除掉好多的自己，而這段時間裡面，你也變得越來越脆弱、越來越需要倚靠他。可是如果你有一個朋友那就不一樣了，他不必告訴你要離開或者是要留下，**他只要能夠傾聽**

你、理解你、陪在你身邊，等到你的自信慢慢地培養起來，你就可以靠自己的力量慢慢地站著，你內心的答案就會慢慢浮現出來。講起來簡單做起來難，要去哪裡找這種人呢？

三個方法，找到屬於你的「朋友」

許多人用的方式是，用下一段感情來遺忘上一段感情，用下一個關心你的人，來取代那一個「有時候關心你、有時候不關心你，只有在他需要時才會找你」的人。不過，相對於這些，其實我們還有其他的方法：

1 陌生朋友法

找一個跟你生活不會有交集的陌生人，告訴他你在這段關係裡面的一些祕密。一開始你可以這樣說「你願意聽我講十分鐘我的祕密／痛苦嗎？」，先從比較不隱私的事情開始，然後慢慢地說出你的感覺。由於他跟你的生活不會有任何的交集，可能是你在某個場合認識的朋友、或者是朋友的朋友的朋友之類的，所以這個祕密相對來說，影響你原先生活圈的程度也小非常多。如果你覺得這個方法也不保險，那麼就去下載一個交友軟體吧。你可以用一個匿名的身分、匿名的角色、把自己的心情，告訴一個你完全不知道他是誰的人。當然，這樣子也有一些風險，因為運氣不好的話他也可能就是你身邊認識的某些人，如果你還是會擔心的話，可以配合翻譯軟體，找國外的朋友試試，順便還可以練英文對話。

2 抱樹法

尋求大自然的協助也是一個有效的方法[2]。找一棵你覺得看起來還不錯，抱起來可能算舒服的樹，最好是你經常會經過的地方，例如你家附近的公園，或者是公司附近綠地的樹之類的。練習摸摸它身上的紋路、用耳朵靠近、聽聽它的聲音，然後試著擁抱一下它。你也可以把頭靠在它的身上，然後小聲地跟它說一些話。把那些你的痛苦、你難以跟別人交代的祕密，都輕輕的跟它講。我真的曾經做過這件事情，一邊講一邊流淚。

3 寫一封信法

真的不行的話，就每天留十分鐘寫封信給自己吧。前幾天心理師叮噹貓跟我說，我經常在網路上寫文章，其實也就是一種在自我對話的過程（因為我都是對著手機唸出我想寫的東西，用語音輸入）。所以看你是要像我一樣用唸的、或者是拿出紙筆來寫、或者是用打字的都可以，每天寫一封信給自己，就像是跟自己內心的一個好朋友講話一樣。

如果上面的方法你目前都覺得幫不上忙，那麼你還有我啊！

我現在就在這裡寫一封信給你，你可以想像是你在對自己說話一樣，慢慢地、細細地閱讀，或許可以從當中找到一些勇氣。

「嘿，你知道嗎，你值得被愛，而且不是因為你做了什麼或者不做什麼才值得被愛，是因為你的存在本身就很重要。如果沒有人愛，那麼請記得，至少還有我愛，我愛你，我會一直陪你，不論痛苦生氣或顛沛流離，不論徬徨、焦慮、還是不知道要去哪裡，我都一樣的愛你。如果現在還放不下，那麼就不要勉強自己放下吧；如果現在還覺得不甘心，那麼我會陪你一起不甘心，如果你還有好多好多的自我懷疑，那麼，我會在我們之間生起篝火來，柴火的聲音嗶嗶剝剝，你搓著雙手慢慢地說；我煮一碗湯，靜靜的聽。我們一起取暖、一起歡笑、一起流淚，一起走過好多好多，以為都快要撐不下去的時候。我對你這麼好，並不是因為你是誰，僅因為你獨一無二、僅因為你很珍貴。願你平安、幸福、健康；願我平安、幸福、健康；願我們平安、幸福、健康。」

【延伸閱讀】

1——Rusbult, C. E. (1980). Commitment and satisfaction in romantic associations: A test of the investment model. Journal of experimental social psychology, 16(2), 172-186.

2——艾力克・布里斯巴赫（Eric Brisbare）（2020）。山林癒：沐浴山林擁抱樹木，借助大自然力量自我療癒（Un bain de forêt - Edition illustrée）（馬向陽譯）。台北：奇光出版。

別為了一朵花

放棄了你的森林

分手了，還能彼此問候嗎？

——不愛了，一點點的關心都是打擾

「愛的話，所有的在乎都是恰好；不愛的話，一點點的關心都是打擾。」[1]

前幾天我朋友「慢慢來」心理師跟我談到愛跟不愛之間的差別，我才發現，同樣是關心，如果你跟一個人的距離很近的時候，是一種甜蜜，但如果你和他變得遙遠了，或者是你不再享受這樣的關心，那麼每一句問候都是壓力。

當然，還在彼此相愛的時候，也有可能會感受到對方「愛的壓力」，但如果不愛了，那麼就不只是壓力而已，還會有一種「煩躁感」，覺得「現在我的日子過得好好的，為什麼要來打擾我？」的感覺。

人際距離的改變

為什麼會有這樣的情形呢？以前的關心為什麼後來都變成壓力？對我來說，大概就是「人際距離」（self-others distance）的改變，以及「界線的調整」（boundary adjustment）。

人際距離的改變

根據亞瑟・阿倫的經典自我擴張研究（Inclusion of Other in the Self）[2]，人跟人之間的距離會隨著互動和親密的增加，而越來越靠近。從陌生人、到朋友，漸漸的到朋友以上，戀人未滿，甚至到最後變成情人、無話不談的伴侶，其實上面這個過程就是透過**人際距離**的改變，達到**心理距離**越來越靠近的狀態。然而，分開也是一樣的——當一個人不再想要和另外一個人的生活有更多的重疊時，除了身體距離的拉開之外，心理距離也會有一些改變。見面頻率、談話次數、話題深度等等，很明顯就可以感覺得出來。這也是為什麼，當對方想要維持某種距離但是你卻想要更靠近的時候，對方就會覺得「這並不是我想要的距離」，然後接著產生厭煩、壓力、甚至開始躲你的狀況。

界線的調整

一般來說，我們的界線是可以彈性調整的，面對越親近的人，我們會願意讓他進入更多自己的生活領域、黑暗面、甚至是不為人知的部分；可是當一個人已經不再如以前一樣讓你那麼傾心，那麼「保持距離」反而會讓你有種安全感。你可以想像你身邊有一個防護罩，在他和你的關係很好的時候，這個防護罩的強度變弱了，他可以有時候溜進來，然後你依然覺得自在，你也喜歡這樣的感覺，因為並不是在所有的人面前，你都可以脫下面具。可是當關係變得不是那麼好的時候，或者是你想要有更多自己的空間的時候，你就會把這個防護罩所籠罩的範圍變得大一些，於是不論你到哪裡或者是跟誰相遇相處，為了維繫心裡面安穩的感覺，都會刻意和其他人之間留出一些空間。

換句話說，有些時候我們會傾向和別人保持距離來獲得安全感，有些時候我們會允許對方進入自己的世界而仍然覺得安心。不論是哪一種狀況，放入感情的互動當中來考量，都會牽涉到一種情形——**當「你期待的距離」跟「對方期待的距離」不太一樣的時候，不舒服的感覺、負面的情緒就會產生**。然後你會試著去調整這個距離，讓對方回到你「覺得舒服的領域」裡（例如「朋友區」、「曖昧區」、「戀人區」或「家人區」）。可是如果「對方覺得舒服的區域和你覺得舒服的區域」不一樣，就有可能出現一個追一個跑的狀態，追的那個人想要回到原本比較親密的關係，逃跑的那個人想要離開現在這個讓他覺得「過分親密」的關係。

因為對他來說，這樣的距離是一種窒息。

如果你發現自己的靠近為對方帶來壓力，那麼或許對方期待的心理距離，和你想要的並不一樣。而如果你發現自己的關心已經變成了對方的壓力，或許也是時候該好好考慮，你渴望的關係跟他渴望的關係，是不是**同一種關係**？畢竟，勉強自己或者是勉強對方在一段委屈的感情裡，並不會帶來更好的結局。

當你重新考量，到底是一個人或者是兩個人會讓你覺得比較自在，或許你終於會明白，關鍵並不在於兩個人是不是在一起，而是你有沒有跟自己內心真正的渴望在一起。

【延伸閱讀】

1——本句修改自偶像劇《罪美麗》台詞：「愛是陪伴，不愛是打擾。」

2——Aron, A., Aron, E. N., & Smollan, D. (1992). Inclusion of other in the self scale and the structure of interpersonal closeness. Journal of personality and social psychology, 63(4), 596.

愛的話，再多的在乎都是剛好，
不愛的話，一點點的關心都是打擾。

結語——

好好陪伴你自己，給餘生一點自我接納的勇氣

謝謝你一路陪我一起走到這裡。

我經常覺得，感情跟閱讀是探索自我的一條重要捷徑，每一次我們從文字裡、從相處中，慢慢地像鏡子一樣照見那些過往對自己的影響、當下對於事件的覺察、還有對未來關係的盼望，都像是一次「生命的重開機」，你會更清楚自己要的是什麼，也會更明白在這些關係裡有些時候，其實是受到委屈了。這本書的最後，我想要提供三種不同狀態的人一點小小的take away：

給還在尋覓愛情的你：你是一個夠好的人，雖然還有許多大大小小的缺點，但也因為這些缺點，讓你變得更獨特、更立體。「還沒有人愛你」不代表「沒有

人會愛你」，你的好很好，只是那個看得見你的好的人，有點遲到。別在一段根本不值得的關係裡，一直揮霍你的值得。因為你值得被愛，不值得被傷害。

給還在關係中努力的你：你已經夠努力了，你做了好多事情，希望狀況能夠有所不同。如果你已經做了很多，不如換個方式讓自己停止再做更多。把一些責任還給對方，把一些自己也還給自己。退一步之後你會發現，那些你所擔心的事情並不會發生，或者是就算發生了，也沒有想像當中的令人難以接受。

給無法放下對方的你：如果一直沒有辦法告別這個人，那麼就讓他留下來吧。在你的心中安排好一張椅子，給他一個專屬的位置，好讓你可以偶爾探訪他，偶爾做自己的事。或許有一天你會感覺到他的形象漸漸模糊了，或者是用別種形式，刻劃在你生命當中一個值得紀念的角落。到那個時候，記不記得似乎都已經變得不重要了。

前陣子我心情很差的時候，一個朋友跟我說：「這世界上沒有百分百快樂的人，只有快樂QQ球（地瓜球，一種炸物零食）才有百分百快樂，而且吃太多還會QQ。不快樂是人生的常態啦。」我聽了哈哈大笑，安慰我的不只是他的文字，還有他「在」這件事，光是知道在失落的時候有一個人可以陪伴，那些無處安放的情緒，就可以緩緩地靠岸。

如果目前還沒有人可以用你想要的方式陪伴你，那你願不願意好好的陪伴你自己？面對感情裡的眾多不如意，我們需要給餘生一點自我接納的勇氣。練習跟自己說沒關係，練習給自己的生命多一點允許。那些無法抓住的東西，就隨著時間和緣分，讓它去該去的地方。然後用多出來的時間，去做你內心真正渴望的事，愛你真正想愛的人。

當你願意給愛情多一點時間
時間也會給你多一點愛情。

告別那些令你心碎的人
讓你餘生的每一刻都活得值得。

如果那些很美好的夢
都在一夕之間化成空
或許是另一種契機讓你
成長為新的自己。

國家圖書館出版品預行編目資料

對愛，一直以來你都想錯了：學會愛自己，也能安然去愛的 24 堂愛情心理學／程威銓（海苔熊）著 .-- 臺北市：三采文化股份有限公司，2021.04
面；　公分 . -- (Mind map；225)
ISBN 978-957-658-516-6(平裝)

1. 戀愛心理學 2. 兩性關係

544.37014　　110002991

suncolor 三采文化集團

Mind Map 225

對愛，一直以來你都想錯了

學會愛自己，也能安然去愛的 24 堂愛情心理學

作者｜ 程威銓（海苔熊）
副總編輯｜ 鄭微宣　責任編輯｜ 陳雅玲　企劃編輯｜ 劉汝雯　校對｜ 聞若婷
美術主編｜ 藍秀婷　封面設計｜ 池婉珊　內頁排版｜ 陳育彤
行銷經理｜ 張育珊　行銷企劃｜ 陳穎姿　攝影｜ 林子茗　梳化｜ 謝佳霈

發行人｜ 張輝明　總編輯｜ 曾雅青　發行所｜ 三采文化股份有限公司
地址｜ 台北市內湖區瑞光路 513 巷 33 號 8 樓
傳訊｜ TEL:8797-1234　FAX:8797-1688　網址｜ www.suncolor.com.tw
郵政劃撥｜ 帳號：14319060　戶名：三采文化股份有限公司
初版發行｜ 2021 年 4 月 29 日　定價｜ NT$380
3 刷｜ 2021 年 6 月 25 日